VOLTAIRE

ET LES GENEVOIS

PAR J. GABEREL

ANCIEN PASTEUR

DEUXIÈME ÉDITION

REVUE ET CORRIGÉE

PARIS

JOEL CHERBULIEZ, ÉDITEUR

10, RUE DE LA MONNAIE, 10

A GENÈVE, MÊME MAISON

1857

VOLTAIRE

ET LES GENEVOIS

PARIS. — DE SOYE ET BOUCHET, IMPRIMEURS,
2, place du Panthéon.

AVANT-PROPOS

Les auteurs qui ont écrit l'histoire de Genève au XVIIIe siècle n'ont consacré qu'un très-petit nombre de pages aux rapports que Voltaire soutint durant vingt-cinq années avec la population protestante de ce pays. J'ai voulu combler cette lacune et décrire les relations de divers genres que les amis du christianisme à Genève durent soutenir avec le philosophe de Ferney.

Pour recomposer cette période historique, je me suis servi de la *Correspondance générale* de Voltaire. Mais, à ces lettres connues du public, j'ai ajouté un grand nombre de documents inédits et de brochures contemporaines, enfouies aujourd'hui dans les bibliothèques d'antiquaires. En voici la liste, et je prie les personnes qui me les ont communiquées de recevoir ici l'expression de ma sincère reconnaissance.

De Mme Strekeisen-Moultou. Lettres inédites de

Voltaire à son grand-père, le ministre Moultou, au sujet des persécutions religieuses et de la liberté de pensée.

De M. le Dr Coindet. Lettres inédites de Voltaire et brochures contemporaines.

De M. le pasteur Vaucher-Mouchon. Correspondance hebdomadaire entre M. Mouchon de Genève et son frère Pierre Mouchon, pasteur à Bâle.

De M. Vernes-Prescott. Mémoires manuscrits et souvenirs du pasteur Jacob Vernes, son aïeul.

Notes de M. le pasteur Gaberel père, recueillies dans les conversations de M. de Roches, professeur de théologie (1794).

Lettres de Charles Bonnet, collationnées par M. Edouard Humbert, professeur d'esthétique à Genève.

Collections de brochures religieuses et politiques, communiquées par MM. Lullin-Dunant, Gaullieur, professeur, Pictet-de la Rive, professeur, Chaponnière, docteur, et Gustave Moynier.

Anecdotes communiquées par MM. Picot, professeur, Edouard Mallet, Pictet de Sergy, Alphonse de Candolle, professeur, L'hardi, doyen de Neuchâtel.

Extraits des registres des Conseils, du Consistoire et de la Vénérable Compagnie des Pasteurs de Genève (de 1754 à 1778).

Lettres concernant la mort de Voltaire. Extraits de la collection Tronchin, que je dois à l'obligeance de M. le professeur Edmond Scherer.

Lettres et Mémoires du professeur Jacob Vernet.

Après avoir extrait de ces documents les faits qui m'ont paru offrir le plus d'intérêt, j'ai donné, durant l'hiver de 1856, un cours public sur les rapports de Voltaire avec les Genevois.

Ce travail livré à l'impression a rencontré beaucoup de bienveillance, et la première édition étant épuisée, M. Cherbuliez en publie une seconde où nous avons fait quelques changements autorisés par des documents récemment venus à notre connaissance.

Genève, 7 octobre 1856.

VOLTAIRE ET LES GENEVOIS

I

Genève et la philosophie du XVIIIe siècle. — Raisons qui déterminèrent Voltaire à choisir la vallée du Léman pour sa demeure définitive.

Lorsqu'un peuple adopte un principe généreux, il doit s'attendre infailliblement à susciter une lutte acharnée de la part des adversaires de cette idée. Genève a fait une rude expérience de cette vérité. Au XVIe siècle, notre ville entreprit de protéger la liberté de conscience telle qu'elle pouvait être comprise à cette époque, en même temps que la foi chrétienne réformée devenue celle de ses enfants. Une aussi noble mission, dont l'ultramontanisme saisit dès l'abord la vaste portée, ligua contre elle de redoutables ennemis. Rome, Madrid et Turin voulurent détruire une cité qui, sans territoire, sans richesses, sans armée, osait défendre avec succès les principes de la réforme et ses soldats persécutés (1).

(1) Les correspondances diplomatiques ·échangées au XVIe siècle entre Rome, Madrid et Turin, établissent ce fait d'une manière

Cette lutte dura plus de deux siècles. Aussi lorsque, vers l'année 1760, les philosophes français proclamèrent la doctrine de la tolérance religieuse, Genève s'associa de cœur au mouvement qu'ils déterminèrent, et se réjouit de voir son plus précieux privilége s'étendre sur les nations voisines. Toutefois cet accord entre les libres penseurs français et la cité de Calvin ne put être complet, car Genève, en repoussant le despotisme romain, avait toujours entendu garder la foi chrétienne dans son intégrité, tandis que les philosophes voulaient envelopper dans la même ruine le fanatisme religieux et la religion elle-même. Genève fut donc obligée de séparer sa cause de celle des hommes qui refusaient à la Divinité toute part dans le gouvernement du monde, et proclamaient qu'en morale la liberté pour chacun de faire ce que bon lui semble est la règle unique de la conscience humaine. Grâce à sa puissante organisation religieuse, notre cité fut longtemps préservée de l'incrédulité française ; elle sut déployer contre ces doctrines nouvelles l'énergie qu'elle avait manifestée autrefois envers les vieilles superstitions romaines. Les magistrats, les savants et les pasteurs genevois s'unirent étroitement pour préserver leur ville d'un matérialisme grossier, et leurs efforts furent couronnés de succès positifs. Mais la position des amis du christianisme devint bien difficile à Genève, lorsqu'en 1755 Voltaire résolut de se fixer dans la vallée du Léman.

Le philosophe, devenu vieux, désirait trouver le calme et l'indépendance sur la terre classique du protestantisme,

évidente : il fallait à tout prix que Genève, refuge de l'hérésie, fût convertie ou détruite.

mais son esprit essentiellement dominateur voulut bientôt imposer ses vues et ses tendances aux hommes qui lui
donnaient l'hospitalité. Il forma le plan de transformer
Genève à l'image de la société française, et, durant vingt
années, il multiplia ses efforts et ses travaux, afin, di-
« sait-il, de pervertir cette cité pédante qui conservait
« un bon souvenir de ses réformateurs, se soumettait
« aux lois tyranniques de Calvin et croyait à la parole de
« ses prédicants. »

Voltaire avait soixante et un ans lorsqu'il choisit la
Suisse romande pour y venir établir sa demeure. A cette
époque, sa gloire remplissait le monde entier, son esprit
ne connaissait pas de rival, et comme poëte il était arrivé
à se faire placer par ses contemporains bien près de Corneille et de Racine. Une faveur, fort rare au commencement du XVIIIᵉ siècle, s'attachait à sa personne : il avait
maintes fois, dans ses poésies et dans ses drames, attaqué le fanatisme, et les Français qui acceptaient sans
remords le sanglant souvenir de la Saint-Barthélemy, et
qui n'éprouvaient que la plus tranquille indifférence
pour les derniers bannissements de la Révocation ou les
massacres du Désert, applaudissaient à ces beaux vers
dans lesquels Voltaire flétrissait la tyrannie religieuse,
et sentaient quelques idées vagues de tolérance se glis-
ser et germer dans leurs cœurs.

Néanmoins, en même temps, Voltaire se faisait d'ardents ennemis, ses adversaires multiplièrent leurs efforts pour lui nuire et malheureusement, ce qui rendit
les attaques plausibles, c'est qu'il ne sut ou ne voulut point
séparer l'Evangile, des crimes commis par les passions
humaines armées en son nom. En effet Voltaire confon-
dit toujours la loi de Jésus-Christ avec les misères de

la superstition et les cruautés du fanatisme, et cette erreur, involontaire ou raisonnée, lui aliéna les hommes sincèrement religieux ; toutefois, ceux qui crièrent le plus fort furent les gens qui faisaient de dévotion métier et marchandise, et qui cherchèrent à venger leur cause personnelle et leur domination temporelle fort compromises par les attaques du philosophe satirique. Ces dévots adversaires étaient si puissants à Paris, que malgré les triomphes intellectuels de Voltaire, malgré l'enthousiasme universel excité par la *Henriade*, *Mérope*, *Zaïre* et *Mahomet*, lorsqu'en 1746 il fut question de recevoir le grand poëte à l'Académie française, ses partisans durent amadouer le parti des jésuites, et Voltaire lui-même dut écrire une lettre où il protestait de son respect envers la religion en général et de son attachement pour les jésuites en particulier. Le philosophe Condorcet, qui approuve toutes les actions de Voltaire, ne peut s'empêcher de dire que, malgré l'adresse avec laquelle sont ménagées les expressions dans cette lettre, il eût mieux valu renoncer à l'Académie que d'avoir la faiblesse de l'écrire. Il est vrai de dire que ces sortes de palinodies ne coûtaient guère au philosophe, et nous aurons plus loin plus d'une occasion de le montrer à nos lecteurs.

Bientôt après sa réception à l'Académie française, Voltaire se rendit en Prusse, sur l'invitation pressante de Frédéric le Grand. Il y resta jusqu'en 1753 : à cette époque, il fut obligé de quitter Berlin, où un plus long séjour lui était devenu impossible par suite de son inépuisable malice ; Frédéric lui-même était outré de plaisanteries par trop acérées à l'endroit de ses royales poésies. Peu soucieux de revenir en France, où il savait que ses ennemis ne manqueraient pas de l'entourer d'intrigues et d'embarras de tout genre, sachant d'ailleurs que l'impression de ses ouvrages s'exécuterait difficilement à Paris, il songeait déjà à la Suisse, lorsqu'il fut visité, à Colmar, par Gabriel Cramer, libraire genevois, qui lui proposa de publier à Genève quelques-uns de ses travaux. — « Vous êtes imprimeur? lui dit Voltaire dans sa première visite, — je vous aurais pris pour « un maréchal de camp, » et tout de suite il se prit d'une vive affection pour ce libraire d'apparence si distinguée. Fortifié encore dans sa première idée par les encouragements d'un Vaudois, M. de Polier, le poëte philosophe vint faire d'abord quelque séjour à Pragins, puis, en 1755, il résolut de partager son temps entre Lausanne et Genève. Les registres du Conseil genevois portent en date du 1er février 1755 : « On a lu une lettre « de M. de Voltaire adressée à noble Tronchin, par la « quelle il prie (1) *Messieurs* de lui permettre d'habiter « le territoire de la république, alléguant l'état de santé « et la nécessité où il est de se rapprocher de son mé- « decin, spectable Tronchin : l'avis a été de permettre « audit sieur de Voltaire d'habiter le territoire de la « République sous le bon plaisir de la seigneurie. »

(1) Terme honorifique s'adressant aux magistrats de Genève.

II

VOLTAIRE A LAUSANNE

Voltaire à Lausanne. — Sa description du pays. — La comédie à Montrion. -- Ses rapports avec les baillis bernois. — Voltaire et Haller. — Voltaire et M. Bertrand. — M. Polier et l'*Encyclopédie*. — Raisons qui engagèrent Voltaire à quitter le pays de Vaud.

Les catholiques ne pouvant, à l'époque dont nous parlons, acquérir des propriétés à Genève, un négociant fort connu de notre ville, M. Labat, acheta le plateau de Saint-Jean pour le compte de Voltaire, et celui-ci s'empressa d'y construire une somptueuse demeure. En attendant qu'elle fût prête, il acquit à Montrion, près d'Ouchy, une maison d'hiver ; en outre, il acheta un magnifique hôtel à Lausanne, rue du Grand-Chêne, n° 6 ; enfin il fit l'acquisition de deux terres en France, dans le voisinage immédiat de la frontière genevoise, l'une à Ferney, l'autre à Tournay (Pregny). Voici comment Voltaire s'exprime au sujet de ces propriétés :

« Toutes ces résidences me sont nécessaires. Je suis
« charmé de passer facilement d'une frontière à l'au-
« tre : si je n'étais que Genevois, je dépendrais trop de
« Genève ; si je n'étais que Français, je dépendrais trop
« de la France. Je me suis fait une destinée à moi tout
« seul : j'ai un drôle de petit royaume dans un vallon

« suisse. Je suis comme le Vieux de la Montagne : avec
« mes quatre propriétés je suis sur mes quatre pattes ;
« Montrion est ma petite cabine, mon palais d'hiver à
« l'abri du cruel vent du nord ; puis je me suis arrangé
« une maison à Lausanne, on l'appellerait palais en Ita-
« lie, jugez-en : quinze croisées donnent sur le lac, à
« droite, à gauche et par devant ; cent jardins sont au-
« dessous de mon jardin, le bleu miroir du lac les bai-
« gne ; je vois toute la Savoie au delà de cette petite
« mer, et, par delà la Savoie, les Alpes, qui s'élèvent
« en amphithéâtre et sur lesquelles les rayons du soleil
« forment mille accidents de lumière... Je voudrais,
« dit-il à d'Alembert, je voudrais vous tenir dans cette
« demeure délicieuse : il n'y a point de plus bel aspect
« au monde, la pointe du Sérail à Constantinople n'a
« pas une plus belle vue... »

La vie matérielle n'était pas moins du goût de Voltaire, et tout en se lamentant, comme il le fit sans cesse,
de n'avoir point d'estomac, il pouvait écrire à ses amis :
« Allez, nous ne sommes pas bien à plaindre ; nous
« avons le bon vin de la Côte, l'excellent vin de La-
« vaux, nous mangeons des gelinottes, des coqs de
« bruyère et des truites de vingt livres. »

Sous le rapport social enfin, Voltaire se montrait également satisfait du séjour de Lausanne. Il ne pouvait se
passer d'un peu de philosophie et d'*histrionage* : entouré d'un cercle nombreux d'hommes de talent et de
femmes d'esprit, il leur faisait jouer ses plus récentes
créations théâtrales. Les trois pièces qui réussirent le
mieux furent : *Adélaïde du Guesclin,* l'*Enfant prodigue*
et *Zaïre ;* aussi appelait-il ces drames : *mes oiseaux du
lac Léman.* Les acteurs de la noblesse vaudoise lui sem-

blaient parfaits et lui-même se regardait comme un tragédien sans rival : « Je joue le bonhomme Lusignan, et
« je vous avertis, sans vanité, que je suis le meilleur
« vieux fou qui soit dans une troupe. Nous avons un
« très-bel Orosmane, le fils du général de Constant, un
« Nérestan excellent, un joli théâtre, une assemblée
« qui fond en larmes ; tout le monde joue avec chaleur.
« Vos acteurs de Paris sont à la glace. Les étrangers ac-
« courent de trente lieues à la ronde, et mon beau pays
« romand est devenu l'asile des arts, des plaisirs et du
« goût. On croit chez les badauds de Paris que toute la
« Suisse est un pays sauvage ; on serait bien étonné si
« l'on voyait jouer *Zaïre* à Lausanne mieux qu'on ne la
« joue à Paris : on serait bien plus surpris de voir deux
« cents spectateurs aussi bons juges qu'il y en ait en
« Europe. Les acteurs se sont formés ; ce sont des fruits
« que les Alpes et le Jura n'avaient point encore portés.
« César ne prévoyait pas, quand il vint ravager ce petit
« coin de terre, qu'on y aurait un jour plus d'esprit
« qu'à Rome. »

Avec le gouvernement bernois, alors maître du canton de Vaud, Voltaire était dans les meilleurs termes,
bien qu'il ne se gênât nullement pour railler sans pitié
la roideur et la tenue compassée des seigneurs baillis.
Il se plaisait en particulier à raconter la conversation
suivante : — « Eh ! que diantre, Monsieur de Voltaire,
« lui disait un de ces hauts dignitaires, vous faites donc
« toujours tant de vers ? A quoi bon, je vous prie ?

Tout cela ne mène à rien... Avec votre talent, vous
« pouviez cependant devenir quelque chose dans ce
« pays-ci... Voyez ! moi, je suis bailli !... »

Si, au point de vue de la comédie et de la société,

les choses marchaient au mieux selon les désirs de Voltaire, à celui de la philosophie, il éprouvait bien certains mécomptes : accoutumé à tout voir fléchir devant
ses railleries, traitant les choses religieuses avec une
déplorable légèreté, il rencontra chez plusieurs personnes de Lausanne des résistances qui le chagrinaient
fort. Le grand Haller surtout lui causait une sorte de
frayeur respectueuse : cet homme, unissant une piété
profonde à un génie scientifique des plus étendus, lui
semblait un phénomène inexplicable ; il voulait à tout
prix obtenir ses louanges, et le savant bernois conservait une haute franchise qui n'épargnait aucun travers.
Un jour Haller vit représenter *Zaïre*, et comme les
spectateurs enthousiasmés lui demandaient son opinion,
il leur signala, sans se gêner, un défaut capital dans la
pièce : Voltaire, cela ne pouvait manquer, fut instruit
séance tenante de la critique du Bernois; sans la relever, il entama bientôt après un magnifique éloge de
Haller. « — Eh ! Monsieur de Voltaire, lui dit un au-
« diteur, vous louez bien fort M. de Haller, qui parle
« de vous sur un ton tout différent ! — Vous avez rai-
« son, mais il se peut bien, au fait, que nous nous
« trompions tous deux. »

Un autre savant bernois lui inspirait des sentiments
très-mélangés ; c'était M. Bertrand, pasteur à Yverdon.
Tout en le respectant, il ne pouvait s'empêcher de le
railler sans pitié, mais Voltaire n'avait pas toujours le
meilleur rôle dans la dispute. Le monde savant était
alors fort préoccupé de récentes observations faites sur
les coquillages fossiles qui se trouvent à de grandes élé-
vations sur les montagnes, et dans la présence desquels
les géologues suisses voyaient la preuve de la dernière

inondation ou déluge qui avait ravagé le globe. Voltaire
se moqua à outrance de cette idée et déclara que ces coquillages avaient été certainement semés par les pèlerins qui traversaient les Alpes au moyen âge. M. Bertrand lui ayant montré l'absurdité d'une pareille sup-
position, le philosophe lui répondit : « Je crois que les
« Prussiens seraient plus capables de venir en France
« que les huîtres de Malabar d'être venues sur les Al-
« pes,... si les poissons des Indes étaient arrivés chez
« nous comme nos missionnaires vont chez eux, ils y
« auraient multiplié et on les trouverait ailleurs que
« sur nos montagnes. » Ces railleries cachaient mal le
dépit de Voltaire, qui était véritablement malheureux
lorsqu'il ne pouvait avoir raison des hommes sincèrement attachés aux idées religieuses.

Il eut du reste la satisfaction de pouvoir se dédom-
mager amplement avec un des baillis : c'était celui de
Lausanne ; froissé de certains rapports qu'on lui faisait
touchant des propos tenus par Voltaire, il alla le voir :
« Monsieur de Voltaire, on dit que vous écrivez contre
« le bon Dieu... c'est mal, mais j'espère qu'il vous le
« pardonnera ; on ajoute que vous déblatérez contre la
« religion,... c'est fort mal encore,... et contre Notre-
« Seigneur Jésus-Christ lui-même... c'est mal aussi ;
« mais j'espère toutefois que lui aussi vous le pardon-
« nera dans sa grande miséricorde. Mais, monsieur de
« Voltaire, gardez-vous bien d'écrire contre Leurs Ex-
« cellences de Berne, nos souverains seigneurs, car
« vous pouvez bien compter que Leurs Excellences ne
« vous pardonneraient jamais !... » Lorsque Voltaire
avait de nouveaux convives, il ne manquait pas de les
régaler de cette anecdote.

Ces habitudes railleuses finirent par troubler son séjour à Lausanne ; nombre de ses amis et de ses admirateurs furent blessés de quelques traits par trop rudes, et quelques-uns ne reparurent plus dans son salon. Un autre incident rendit sa position encore plus pénible. Il était lié depuis plusieurs années avec M. Polier de Bottens, père de Mme Isabelle de Montolieu, et pasteur à Lausanne. Il le pria de faire pour l'*Encyclopédie* l'article *Messie*. M. Polier accepta, et Voltaire ne doutant pas apparemment que ce morceau ne fût dans le goût des incrédules, écrivit dans un mouvement de joie à d'Alembert : « Les lévites abandonnent l'arche, voici un « travail d'un prêtre hérétique de mes amis. » Comme cet article contenait une description simple et positive, de la personne de Jésus, *envoyé divin*, il ne plut guère à Messieurs de l'*Encyclopédie*, qui ne crurent pas toutefois devoir le refuser de la main de Voltaire, et l'article fut imprimé sans modification, bien que Voltaire eût écrit : « Si mon prêtre vous ennuie, brûlez ses guenilles. Il m'a donné un mémoire intitulé *Liturgie* que j'ai toutes les peines du monde à rendre chrétien. » Ce furent précisément ces *peines* prises par Voltaire qui commencèrent à le brouiller avec son ami : cette manière de *christianiser* ses écrits ne pouvait en effet plaire beaucoup à M. Polier. La rupture fut achevée par une autre circonstance qui fait peu d'honneur à Voltaire. On sait qu'un nommé Saurin, parent du célèbre prédicateur et pasteur à Berchier (canton de Vaud), s'enfuit de sa cure et vint à Paris, y fut converti par Bossuet et reçut de Louis XIV une pension de 1,500 livres ; comme il était bon géomètre, on le fit entrer à l'Académie des sciences. Plus tard, des hommes impartiaux voulurent savoir la vérité touchant son histoire et les motifs de son changement de religion. Il fut prouvé par les registres de la classe des pasteurs d'Yverdon que ledit Saurin avait quitté son poste afin d'éviter une condamnation pour vol. M. Polier, sachant que Voltaire protégeait beaucoup Saurin, lui communiqua le procès-verbal établissant qu'un jour ce misérable, faisant une prière à la dame du château de Berchier, avait décousu et soustrait les galons d'or du fauteuil de la malade.

Voltaire feignit l'indignation, mais il déchira secrètement le document accusateur. Après la mort de Saurin, une discussion s'étant engagée à son sujet, M. Polier voulut recouvrer les pièces importantes du procès : Voltaire avoua qu'il les avait détruites, et M. Polier rompit toute relation avec le poëte.

Comme la famille Polier tenait un rang élevé dans Lausanne, cette rupture acheva de désorganiser le cercle de Voltaire ; des paroles de mauvaise humeur éloignèrent plusieurs dames, et le philosophe, sentant décliner son influence, prit le parti de se défaire de ses propriétés dans le pays de Vaud et de se fixer définitivement à Genève et à Ferney.

III

VOLTAIRE A FERNEY

Voltaire à Ferney. — Son genre de vie. — Sa passion de louanges. — Les badauds de Genève. — Le curé de Saint-Claude. — Le quatrain de Guibert. — L'empereur Joseph II. — Le magnat hongrois. — Le peintre Huber. — Le quaker Claude Gay.

Voltaire avait acheté la terre de Tournai d'un magistrat de Dijon, le président De Brosses : la correspondance de ces deux personnages dévoile un côté bizarre du caractère du philosophe Tout poëte qu'il était, Voltaire poussait l'esprit d'ordre jusqu'aux plus minutieux détails ; il entendait à merveille les affaires d'intérêt, et soignait sa fortune comme un négociant consommé. Il acquit Tournai par un marché à vie : la terre rapportant mille écus. Voltaire payait d'avance 24 ans d'intérêts, soit 72,000 francs, et le domaine lui appartenait jusqu'à sa mort ; la spéculation était bonne pour l'acheteur, si son existence devait se prolonger au delà du terme de 24 ans. Or il se trouva qu'une forêt indiquée comme devant produire, à la première coupe, environ douze moules de bois, n'en fournit que trois : pour cette somme, s'élevant à peine à cent écus, Voltaire écrivit plus de quarante lettres au président, le chargea d'injures, et remplit sa correspondance générale de doléan-

ces à propos de ces bûches. Il avait du temps pour
tout (1).

Une fois établi aux Délices et à Ferney, voici les habitudes intellectuelles qu'adopta Voltaire. Sa célébrité
ayant promptement fixé l'attention universelle sur sa
somptueuse retraite, elle vit affluer bientôt les plus il-
lustres visiteurs. Voltaire se prétendait constamment
malade ; était-ce pour exciter l'intérêt, nous ne savons ;
mais nous pensons plutôt que c'était le stratagème à
l'aide duquel il pouvait se ménager à volonté des heures de travail, puis étonner le monde par l'abondance
des productions émanées d'une tête soi-disant affaiblie
par la souffrance ; cette *petite santé* était encore fort
utile à Voltaire lorsqu'il voulait se dérober aux importuns : en tout cas, c'est un fait qu'elle ne l'empêchait
point, selon Mallet-Butini, son ami et son voisin, de
travailler quatorze heures par jour, et de regagner sur
ses nuits le temps qu'il consacrait à la société. Son secrétaire, Wagnière, dormait dans un réduit au-dessus
de sa chambre à coucher, et au moindre bruit descen-
dait par une trappe écrire sous sa dictée. Pendant l'été,
Voltaire composait en se promenant à l'ombre de ses
charmilles ; pendant l'hiver, il travaillait dans son lit.

A table, Voltaire faisait les honneurs de sa maison,
avec une politesse pleine de gaieté : le soir, au salon, il
présidait le cercle, regardant le parquet tandis qu'il
parlait, puis promenant soudain ses regards de flamme
sur ses auditeurs, comme pour s'assurer qu'il était

(1) Une famille genevoise, dont l'aïeul était un des conseillers
d'affaires de Voltaire, possède une collection de lettres autogra-
phes du poëte, où son aptitude aux petits démêlés et son âpreté
vis-à-vis de ses voisins se dévoilent de la manière la plus curieuse.

compris ; survenait-il un importun, il prenait l'extérieur d'un vieillard maussade et moribond, et si l'étranger montrait qu'il n'était pas indigne d'entendre Voltaire,
aussitôt reparaissaient son entrain et sa sérénité. L'esprit railleur du maître de la maison s'exerçait surtout
contre ceux qui avaient eu le malheur de lui déplaire,
ou le tort bien plus grave encore de blâmer ses écrits :
pour eux il était sans pitié, usant de toutes armes, dé-
chirant, calomniant, ne dédaignant même pas des injures qui ne se trouvent ordinairement que dans le langage des halles ; plus d'une fois sa verve en ce genre
jeta dans un grand embarras ses convives habituels. En
effet Voltaire, qui publiait incognito des œuvres fort li-
cencieuses, pour mieux dissimuler sa paternité, mettait
la conversation sur leur chapitre, les blâmant tout le
premier : souvent ses interlocuteurs renchérissaient sur
sa sévérité ; puis les malheureux, pris au piége, se
voyaient assaillis des plus piquantes plaisanteries, dont
ils saisissaient trop tard le motif.

Voltaire aimait fort la louange, mais il voulait qu'elle
fût exprimée en termes spirituels, ou parût au moins
venir d'un sentiment sincère ; toutefois ordinairement
il contenait sa satisfaction, souvent même il prenait un
malin plaisir à déconcerter ses admirateurs. Ainsi sa
présence à Genève, où il se rendait toujours dans un
carrosse attelé de quatre chevaux, ne manquait jamais
d'occasionner beaucoup de rumeurs : une foule nombreuse se précipitait autour de la voiture jusqu'à gêner
sa marche ; on ne peut douter que cette manifestation
ne flattât grandement celui qui en était l'objet, mais il
n'en laissait rien voir. Ses visites les plus fréquentes
avaient pour but le comptoir de MM. Macaire, ban-

quiers, au bas de la Cité. Un jour, voyant les curieux entassés jusque sur les marches de cette maison, il s'arrêta sur le seuil et s'écria d'une voix tonnante : «Qu'est-ce « que vous voulez, badauds que vous êtes ! voir un « squelette ?... Eh bien ! en voilà un !... » Puis, écartant les revers de son habit, il exhiba un grand corps efflanqué, et remonta dans son carrosse, au bruit des applaudissements de la foule. — Plus tard, un bon curé de Saint-Claude vint à Ferney et désira lui être présenté : le brave homme expliqua à Mme Denis que, malgré son grand âge, il avait fait à pied cette longue route pour voir celui qui remplissait le monde de son nom. On le fit entrer : à la vue de Voltaire, le pauvre ecclésiastique demeure tout à fait interloqué et finit par balbutier timidement : « Monseigneur, quand je vous vois, « je vois la grande chandelle qui éclaire l'univers. » — « Madame Denis, replique vivement le poëte, allez « vite chercher des mouchettes. » Et à une dame qui l'avait interrompu pour lui dire : « Ah ! Monsieur, « vous avez bien travaillé pour la postérité ! » — « Oui, « Madame, j'ai planté quatre mille pieds d'arbres dans « mon parc. »

La louange la plus extraordinaire et la plus scandaleuse qu'il ait eu l'occasion d'entendre lui fut administrée par Guibert, auteur d'une tragédie intitulée : *le Connétable de Bourbon*. Guibert avait passé huit jours à Ferney sans parvenir à voir le maître du logis : en partant il pria un domestique de remettre à Voltaire les vers suivants :

« Je croyais voir ici le vrai dieu du génie,
« L'entendre, lui parler, l'admirer en tout point ;

« Mais, tout semblable au Christ en son Eucharistie,
« On le mange, on le boit et l'on ne le voit point. »

A peine Voltaire a lu, qu'il fait atteler son carrosse, court après Guibert, le rejoint, l'embrasse et le ramène : il le garda longtemps auprès de lui.

Cette soif d'admiration causa souvent d'amers désappointements au grand poëte ; le plus cruel fut le procédé de Joseph II, empereur d'Autriche, fils de Marie-Thérèse. Ce jeune souverain devant parcourir la Suisse, sa mère lui avait expressément recommandé de visiter M. de Haller à Lausanne, mais d'éviter M. de Voltaire. Joseph II vint effectivement de Lausanne à Genève, sans se détourner à Versoix pour passer chez Voltaire, quoiqu'un poteau placé à l'angle du chemin portât en lettres énormes ROUTE DE FERNEY (1). Voltaire avait calculé le moment où l'empereur d'Autriche devait arriver chez lui, et invita tous les habitants riches des environs pour assister à l'entrevue : il était lui-même au salon dans sa plus splendide toilette... Une heure, deux heures se passent... Point d'empereur. La conversation commençait à languir lorsque survient un ami venant de Genève et qui ne sachant pas le but de la réunion, dit dès l'abord : « Il y a bien du mouvement dans la ville : Joseph II vient « d'arriver; tout le peuple est amassé devant son auberge; « mais il part demain matin. » Chacun se regarda interdit, Voltaire sort à pas de loup; au bout de quelques instants, pâle, en robe de chambre et bonnet de nuit, on le voit entr'ouvrir la porte ; puis d'une voix cassée :

_____

(1) Dans une lettre à son ami Haller, Bonnet ajoute que Voltaire avait eu l'attention de faire enlever toutes les pierres sur la portion de route qui joint Versoix à Ferney.

2.

« Qu'est-ce que tous ces importuns font là? dit-il. Ne
« laissera-t-on pas mourir en paix un pauvre vieux
« malade comme moi ? »

Tout le monde n'était pas comme Joseph II, et l'em-
pressement que mettaient certains étrangers à visiter
Voltaire donna lieu souvent à des scènes plaisantes. Un
jour un inconnu demande à le voir. — « Dites que je
« n'y suis pas. — Mais je l'entends, dit l'étranger. —
« Dites que je suis malade. — Je lui tâterai le pouls,
« je suis du métier. — Dites que je suis mort. — Je
« l'enterrerai : ce ne sera pas le premier, je suis méde-
« cin. — Voilà un mortel bien opiniâtre... qu'il entre !...
« Eh ! Monsieur, vous me prenez donc pour une bête
« curieuse ? — Oui, Monsieur, pour le phénix. — Eh
« bien, sachez donc qu'il en coûte douze sols pour me
« voir ! — En voilà vingt-quatre et je reviendrai de-
« main. » — Voltaire fut désarmé et combla son interlocuteur de politesses.

Les Genevois qui fréquentaient Voltaire étaient très-
scrupuleux sur le choix des personnes qu'ils présentaient
à Ferney. Un magnat hongrois, homme de fort peu d'esprit, tourmentait ses relations pour en obtenir la faveur
d'une visite. Afin de débarrasser leurs parents de ses
obsessions, les jeunes Chauvet se chargèrent de satis-
faire le magyar. Un soir, on le conduit à la campagne
dans un carrosse fermé : les arrivants sont reçus par
deux laquais à la livrée de Voltaire ; l'étranger, introduit dans un salon où règne une clarté douteuse, distingue
sur un sofa un vieillard enveloppé d'une robe de chambre
et la figure abritée par une immense perruque, lequel
toussant creux et, parlant à demi-voix, reçoit l'étranger
fort poliment, lui fait raconter ses voyages, lui débite

quelques gaies anecdotes. Le magyar lui deman de si les
papiers qu'il voit sur la table ne sont pas quelque chef-
d'œuvre nouveau. — « Moins que rien..., un faible enfant
« de ma vieillesse !... une tragédie. — Peut-on en savoir le
« titre ? — Oh ! ma tragédie est un sujet cher aux enfants
« de Genève : c'est l'histoire du fameux *Empro Giraud;*
« les principaux personnages sont ses non moins célè-
« bres compagnons, *Carrain, Carreau, Dupuis, Si-*
« *mon,* etc. (1). » Puis il déclame quelques vers du chef-
d'œuvre nouveau... La visite terminée, le Hongrois
enthousiasmé mit une large offrande dans la main des
laquais, frères et amis du pseudo-Voltaire; la mystifica-
tion continua aux dépens du magyar, car avec son or
ses perfides amis lui offrirent un souper où, devant un
cercle nombreux, ils lui firent narrer son aventure dans
tous ses détails. — Lorsque Voltaire apprit cette plaisanterie, il voulut voir son Sosie costumé et lui dit :
« Je partagerais bien volontiers ma gloire avec vous, si
« vous vous chargiez de la moitié de mes admirateurs. »
Voltaire avait une grande répugnance à se laisser
peindre, et gardait à ce sujet une sérieuse rancune
contre le Genevois Huber, artiste distingué et homme
de beaucoup d'esprit, qui savait en un instant croquer
la physionomie du poëte. Il avait même imaginé une
plaisanterie fort désagréable à Voltaire; il aplatissait un
large morceau de mie de pain, et, le faisant mordre à
son chien, il dirigeait si adroitement les dents de l'animal que le fragment qui lui restait entre les doigts représentait fidèlement le profil du philosophe de Ferney.
Celui-ci finit cependant par prendre son parti des opé-

(1) Ces mots forment un jeu familier aux écoliers genevois.

rations du malicieux peintre et l'invita souvent à dîner. La scène suivante, qui se passa devant l'artiste genevois, lui fournit le sujet d'une de ses meilleures compositions.

Un quaker de Philadelphie, nommé Claude Gay, passa quelques jours à Genève : entendant vanter sa science et sa simplicité, Voltaire désira le voir ; le quaker s'en défendit ; enfin il accepta une invitation à dîner. Charmé d'abord de la belle et calme figure de son hôte, le philosophe se regarda bientôt comme piqué au jeu par sa sobriété ; l'Américain le laissa rire avec le plus grand sang-froid. Puis la conversation tourna sur les premiers habitants de la terre et sur les patriarches, et Voltaire de lancer quelques épigrammes contre les preuves historiques de la révélation. Claude Gay discuta sans s'émouvoir : irrité par sa froideur, la vivacité de Voltaire devint de la colère, si bien qu'à la fin le quaker, se levant de table, lui dit : « Ami Voltaire, peut-« être un jour tu entendras mieux ces choses : en atten-« dant, trouve bien que je te quitte. Dieu te conserve « et surtout te dirige..., » puis il partit sans écouter aucune excuse. Voltaire, honteux de lui-même, prétexta un travail pressé et se retira dans son appartement. — Hubert dînait ce jour-là à Ferney : il esquissa la scène dont il n'avait rien perdu, mettant en opposition le calme du quaker et la violence du philosophe. Ce tableau, qui portait comme légende : *les Adieux de Claude Gay*, eut un succès des plus populaires.

IV

BIENFAISANCE DE VOLTAIRE. — VOLTAIRE ET LE CLERGE CATHOLIQUE

Bienfaisance de Voltaire. — Les agriculteurs de Ferney. — MM. De Prez de Crassier. — Les dragées d'Arnaud. — La malle de Thiriot. — Mlle Corneille. — Sévérité du clergé savoisien à l'égard de Voltaire. — Mahomet et les faucheurs. — Communion de Voltaire. — Son sermon dans l'église de Ferney. — Lettre de l'évêque d'Annecy. — Voltaire capucin. — Ferney décrit par un auteur ultramontain.

Voltaire avait un grand plaisir à faire du bien ; il donnait beaucoup, faisait un noble usage de sa fortune (deux cent mille francs de rente), et ses générosités étaient rehaussées par des paroles et des procédés empreints d'une spirituelle délicatesse. Un jour on l'informa qu'un laboureur de Ferney était en prison pour une dette de 7,500 fr. Voltaire donna l'ordre de payer cette somme, et comme on lui représentait que ce pauvre homme n'ayant pour tout bien qu'une nombreuse famille, cet argent serait entièrement perdu : « Tant « mieux, dit-il, on ne perd point quand on rend un père « à sa famille, un citoyen à l'Etat. » — Une autre fois, une veuve des environs, mère de deux enfants, étant poursuivie par ses créanciers, eut recours à Voltaire, qui, non-seulement lui prêta l'argent sans intérêt, mais encore l'aida à remettre son bien en valeur. Ce fonds étant plus tard vendu, Voltaire le racheta beaucoup plus cher qu'il ne valait réellement et remit la différence à la veuve. — Un habitant du village, qui lui devait 600 livres, perdit ses bestiaux : Voltaire lui envoya deux belles vaches et la quittance de sa dette. — Un agriculteur, ayant perdu un procès et se trouvant ruiné, alla trouver le seigneur de Ferney et lui conta ses malheurs : celui-ci fit examiner son affaire par des légistes genevois, qui déclarèrent que la condamnation était injuste ; lorsque le pauvre homme vint reprendre ses papiers, Voltaire les lui rendit, enveloppant une somme de mille écus, et lui dit : « Voilà, mon ami, de quoi réparer les « torts de la justice. Un nouveau procès ne serait qu'un « tourment : ne plaidez plus, et si vous voulez vous éta- « blir sur mes terres, je m'occuperai de votre sort. » — Les jésuites d'Ornex voulaient agrandir leur territoire en acquérant à vil prix un bien de mineurs engagé pour 15,000 francs et valant quatre fois cette somme. La ruine des possesseurs, la famille De Prez de Crassier, était inévitable, lorsque Voltaire fournit les 15,000 livres pour dégager leur bien, et leurs affaires furent depuis si bien dirigées qu'à l'époque de l'expulsion de l'ordre des jésuites, ce furent précisément les De Prez qui purent acheter tous les immeubles de ces religieux.

C'était surtout quand il s'agissait d'hommes de lettres que Voltaire savait entourer ses dons de procédés qui ajoutaient encore au prix du service. Un auteur, Arnaud de Baculard, jeune homme fort pauvre, reçut de grosses sommes de la main du poëte, qui voulait l'encourager dans ses essais dramatiques. Lorsqu'il obtint ses premiers succès, il voulut rendre cet argent à son protecteur, qui le refusa en disant : « Un enfant ne rend

« pas les dragées que lui a données son père. » — Un
M. Thiriot, qui avait été clerc de notaire avec lui, se
trouvait dans une misère profonde : Voltaire le garda
pendant un an à Ferney, puis il lui procura la place de
correspondant littéraire du grand Frédéric ; enfin, lorsque Thiriot le quitta, Voltaire, tout en l'aidant à faire sa
malle, y glissa cinquante louis. — Le trait le plus remarquable de sa bienfaisance est du reste bien connu : on sait
qu'il eut pour objet la nièce du grand Corneille, jeune
personne fort pauvre. Voltaire la reçut à Ferney, l'a-
dopta, soigna son éducation, et pour lui faire une dot convenable, il composa une édition des œuvres de Corneille,
accompagnée de remarques de sa main. Le livre se ven-
dit 90,000 francs, et Mlle Corneille fut mariée à un
M. Dupuis, du pays de Gex. Dans un moment d'embarras, le jeune ménage emprunta 12,000 francs à Voltaire :
lors de la naissance du premier enfant, le bienfaiteur
vint faire une visite à la jeune femme et laissa sur la
table un beau vase d'argent dans laquelle se trouvait la
quittance des 12,000 livres.

On sait enfin que Voltaire avait fait bâtir la presque
totalité du village de Ferney et entretenait la prospérité
chez les habitants, ses voisins, par le mouvement
énorme d'étrangers qui affluaient pour le voir.

Malgré tous ces actes de bienfaisance, les attaques incessantes de Voltaire contre la religion soulevaient contre
lui le clergé de la vallée, et souvent il put s'apercevoir
de la méfiance antipathique que ce clergé inspirait à son
égard aux habitants de la campagne : les curés savoyards
surtout le représentaient comme l'Antechrist, et faisaient
de sa personne, à leurs ouailles, des peintures effroya-
bles. Tout impatienté qu'il était de ces bruits, Voltaire

trouva plaisant de leur donner du corps : un jour que des ouvriers du Vuache fauchaient près du château de Ferney, il sort soudain de la charmille, revêtu du costume de Mahomet, et leur lance les imprécations du conquérant. Les pauvres Savoisiens s'enfuirent à toutes jambes, et dès lors l'identité de Voltaire et de Satan fut très-solidement établie sur la rive gauche du Rhône. Toutefois cette antipathie alla si loin qu'elle lui devint absolument désagréable, et il ne craignit pas d'essayer de la conjurer en jouant, de sa personne, une impie comédie en deux actes : il communia dans l'église de Ferney, et se fit recevoir capucin.

Instruit que l'évêque d'Annecy faisait de sérieuses plaintes contre lui à la cour de France, pour détourner le coup, il décida de faire ses pâques à Ferney. La veille, il se confesse à ce père Adam, son aumônier, duquel il disait : « Il ne faut pas s'y tromper... ce n'est pas le « premier homme du monde, » il signe une profession de foi des plus orthodoxes au point de vue romain, et le matin du jour de Pâques il se rend à l'église, accompagné des gens de sa maison, des paysans portant des hallebardes et des fusils, sans compter les tambours et les trompettes. La messe commence : Voltaire se présente à l'autel d'un air humilié et contrit, et reçoit la communion des mains du curé de la paroisse. Jusque-là tout allait bien, au moins au point de vue extérieur ; mais voilà que le moment du prône arrive, le seigneur devance le prêtre, escalade la chaire et commence un sermon sur le vol ; quelques jours auparavant on lui avait dérobé une vache : croyant découvrir son larron dans l'église, il l'apostrophe, l'engage à se réconcilier avec Dieu et l'exhorte à rendre grâces à la Providence de ce qu'il n'a pas été pendu ; il l'engage enfin, si sa confession n'est pas faite encore, à venir au plus tôt la faire à son curé et à lui, M. de Voltaire, son seigneur. Malgré le respect qu'on avait pour lui, cette prédication parut un peu forte ; le curé sortit brusquement du temple, une partie des paysans le suivit, et cette manifestation mit fin au scandale. L'évêque d'Annecy écrivit à ce sujet à Voltaire une lettre qui est un modèle de sagesse et de dignité : « Le temps presse, lui dit-il, un corps « exténué et déjà abattu sous le poids des années vous « avertit que vous approchez du terme où sont allés les « hommes fameux qui vous ont précédé, et dont à peine « aujourd'hui reste-t-il la mémoire ; en se laissant « éblouir par une gloire aussi frivole que fugitive, la « plupart d'entre eux ont perdu de vue les biens im- « mortels. Fasse le Ciel que, plus prudent et plus sage « qu'eux, vous ne vous occupiez plus à l'avenir que de « la recherche de ce bonheur souverain, qui seul peut « remplir les désirs de l'homme fait à l'image de Dieu. » Cette lettre reçut la réponse suivante : « Ce n'est pas assez « d'arracher ses vassaux aux horreurs de la pauvreté, « de contribuer autant qu'on le peut à leur bonheur « temporel ; il faut encore les édifier, et il serait bien « extraordinaire qu'un seigneur de paroisse ne pût faire « dans l'église qu'il a bâtie ce que font tous les pré- « tendus réformés dans leurs temples à leur manière. »

Ce fut pour continuer cette mauvaise plaisanterie qu'il sollicita la faveur d'être admis dans l'ordre des capucins, au couvent de Gex ; il se vanta d'avoir reçu de Rome la patente du général de l'ordre. Quand à Paris on apprend cette grosse nouvelle, on témoigne quelque incrédulité : « N'en riez point, écrit-il à la

3

« Harpe, je suis capucin, père temporel du couvent de
« Gex ; j'ai le droit de porter l'habit et j'ai reçu la pa-
« tente de notre révérend père le général d'Allam-
« bella. » A Madame de Choiseul il mande : « Je recevrai
« incessamment le cordon de saint François qui, je le
« crains, ne me rendra pas la vigueur de la jeunesse :
« en attendant, daignez agréer le respect paternel et
« les prières de frère François, capucin indigne. »

Le comte de Saint-Florentin, ministre de Louis XV,
lui manda d'être plus circonspect à l'avenir, vu que le
roi était très-mécontent de cette affaire ; Voltaire lui
répondit : « J'édifie les habitants de mes terres et de
« tous les environs en communiant. Le roi veut qu'on
« s'acquitte de ses devoirs religieux ; non-seulement
« je les remplis, mais j'envoie régulièrement mes domes-
« tiques catholiques à l'église et les protestants au tem-
« ple : je pensionne un maître d'école pour enseigner
« le catéchisme aux enfants ; je fais lire publiquement
« les sermons de Massillon à mes repas. J'ai soin d'in-
« former M. le curé des désordres de sa paroisse,
« quand je les apprends le premier ; je l'invite à y
« mettre fin par ses remontrances et à inspirer le respect
« pour la religion et les mœurs. »

Pour résumer cette rapide et malheureusement bien
incomplète esquisse du genre de vie adopté par Voltaire,
nous citerons quelques lignes de M. Nicolardot, auteur
ultramontain, qui a déployé la plus injuste sévérité à
l'égard du grand poète : sa description de Ferney n'en
est que plus saillante. « La victoire, dit-il, le commerce
« et l'opulence ont eu leur métropole ; Ferney fut pen-
« dant vingt années la capitale de l'esprit : tous les mo-
« narques s'empressèrent de reconnaître cette princi-

« pauté, ils la saluèrent à l'envi comme la reine des peu-
« ples, le flambeau de la civilisation. Ce que le roi de
« la civilisation abhorrait, ils l'abhorraient ; ce qu'il
« aimait, ils l'aimaient ; ce qu'il aspirait à détruire, ils
« s'efforçaient de le détruire. Ils lui envoyaient des
« courriers presque toutes les semaines ; ils donnèrent
« l'ordre à leurs ambassadeurs de respecter toutes
« ses fantaisies, de favoriser toutes ses entreprises,
« d'oublier toutes ses fautes. Les Parlements avaient
« brûlé d'envie de sévir contre la cour de Ferney, mais
« la cour de France laissait faire. L'évêque d'Annecy
« le menaçait de ses foudres, mais la ville aux sept
« collines, la ville du vicaire de Jésus-Christ tolérait
« ses insolences continuelles et ses injures grossières...
« Des flots d'étrangers y affluaient sans cesse, ducs,
« maréchaux, gentilshommes, académiciens, présidents,
« coudoyaient l'avocat, l'officier, le prêtre, le robin, le
« journaliste. Tout chemin conduisait à Ferney comme
« autrefois à Rome. Se proposait-on de parcourir Venise,
« Gênes, Florence, Naples, on passait par Ferney. Dé-
« sirait-on baiser la mule du pape ou les pieds de l'im-
« pératrice de Russie, on traversait Ferney. Quel que fût
« le sujet du départ, amour, intrigue, affaires, guerre,
« persécution, plaisir, curiosité, santé, on faisait halte
« à Ferney. C'était la capitale autocratique de l'esprit
« dans un siècle où tout le monde se piquait d'avoir de
« l'esprit. »

Ainsi parle l'auteur ultramontain, et nous ajouterons
qu'à une lieue de Ferney se trouvaient douze pasteurs
huguenots et autant de magistrats religieux qui, consi-
dérant comme leur devoir de maintenir la foi chrétienne
dans la conscience du peuple confié à leurs soins, ne

craignirent pas de lutter pendant vingt années avec cette royauté si universellement reconnue de l'esprit et de l'irréligion. Ce sont les détails de cette lutte que nous devons maintenant essayer de retracer.

V

MŒURS ET USAGES GENEVOIS A L'ARRIVÉE DE VOLTAIRE

Sous le rapport social et religieux, Genève était organisée de manière à présenter une vigoureuse résistance à l'invasion des nouvelles idées françaises. Quoique, au milieu du XVIIIᵉ siècle, la législation de Calvin eût subi, cela va sans dire, de nombreuses modifications, néanmoins les principales dispositions de ce remarquable ensemble, organisé plus de deux siècles auparavant par la vigoureuse conception du réformateur, étaient encore pleinement appliquées et observées. Un coup d'œil rétrospectif sur les lois ecclésiastiques de Genève est donc nécessaire pour l'intelligence de la période que nous avons à étudier.

Calvin, en établissant dans Genève la réforme religieuse, avait voulu la rendre sincère, complète et solide, en la plaçant sur sa véritable base, la réforme des mœurs publiques et privées. Suivant donc ce plan avec sa rigoureuse logique, à côté des modifications aux institutions religieuses, il créa tout un système parallèle d'ordonnances, destinées à atteindre et à régler la vie pratique, et frappées au coin d'une exemplaire austérité. Sous sa main puissante, la rigidité du législateur de Sparte, doublée de toute la sévérité morale du christianisme à son

3.

premier âge, formèrent, à côté de la constitution républicaine de Genève, un ensemble de lois aussi fondamentales pour ce petit pays, aussi constitutionnelles, en un mot, que sa constitution politique elle-même. C'est ainsi qu'en partant du principe, alors universellement adopté, de la *religion d'Etat*, Calvin fonda un Etat réellement chrétien, parce qu'il *força*, c'est le mot, chaque citoyen d'être chrétien. Ces lois, dites *lois somptuaires*, introduisaient une surveillance générale, accompagnée de l'action des tribunaux, dans les plus petits détails de la vie ordinaire; non-seulement, au point de vue social, elles punissaient par l'amende, l'exil ou la prison, les violations des commandements de Dieu, et par conséquent plus d'un délit que ne prévoit pas la législation civile, mais encore elles pénétraient fort avant dans l'existence privée : le logement, la nourriture, les vêtements, les divertissements, la dépense en général, étaient déterminés par des règlements inflexibles. Calvin avait cherché et obtenu, au moyen de la contrainte légale, ce que l'Evangile ne demande qu'au libre exercice de la volonté, et, pénétré des idées de son siècle, il ne croyait point avoir outrepassé son mandat en infligeant des châtiments matériels pour des fautes que Dieu jugera sans doute, mais que les lois humaines doivent laisser dans le domaine de cette juridiction divine.

Du reste, si l'action du tribunal moral institué par Calvin, sous le nom de Consistoire, était rude à notre point de vue moderne, ce corps se montrait rigoureusement impartial, ne faisant aucune distinction entre les classes sociales, et censurant ou punissant avec une égale sévérité le premier magistrat et le plus mince bourgeois, le millionnaire et le paysan, le chef militaire et le simple soldat.

Cette législation, qui obligeait les citoyens à la plus grande simplicité dans leur genre de vie et réduisait leurs dépenses au strict nécessaire, imprima au caractère genevois une austérité dont on ne retrouve guère l'équivalent que dans l'histoire de Lacédémone ou celle des premiers temps de la république romaine. A Genève, la journée commençait pour tout le monde à six heures en hiver et à quatre heures en été : nos ancêtres paraissent avoir été beaucoup moins sensibles au froid que leurs héritiers actuels, puisqu'un seul feu s'allumait dans chaque ménage, quelle que fût la saison, celui de la cuisine ; à peine, chez les familles riches, une *brazière* se voyait-elle dans la chambre de réunion. On ne connaissait que les meubles de bois ordinaire. Des fenêtres hermétiquement fermées passaient pour un véritable luxe, et l'on s'inquiétait fort peu en général des larges ouvertures qui donnaient passage à la *bise*. Une grande frugalité s'observait dans les repas, et cette simplicité a survécu un certain temps au naufrage des vieilles coutumes de la Réformation, car la loi portant « de n'avoir sur sa table, en jour ordinaire, que deux plats au plus, viande et légume, sans pâtisserie, » est encore de nos jours régulièrement observée dans un grand nombre de ménages genevois. La simplicité des mœurs allait plus loin encore : les habitudes du culte de famille, les conversations sans cesse tournées vers les sujets religieux, avaient beaucoup rapproché les maîtres et les serviteurs ; elles les réunissaient à la même table, et le plus souvent il n'y avait pas d'autre salle à manger que la cuisine ; après les repas, la conversation entre voisins s'engageait dans les cours intérieures des maisons, que maintenant nous jugerions peu confortables pour un semblable usage.

A côté de cette austérité, en même temps morale et matérielle, trouvait place chez les Genevois, et c'est un caractère saillant de l'*institution* de Calvin, un large développement littéraire et intellectuel. Le collége, où tous les enfants s'instruisaient jusqu'à seize ans, avait considérablement élevé le niveau intellectuel de la nation. Un voyageur du XVIIe siècle, Davily, s'étonne de voir qu'à Genève on fasse des lettrés des fils des plus humbles artisans : « Car chez ce singulier peu-« ple, dit-il, on enseigne le grec et le latin aux gens « qui ailleurs ne savent ni A, ni B. »

Ce mélange de simplicité républicaine et de fortes études favorisa certainement les développements du négoce et de l'industrie. Le commerce des soies et des velours fut pour Genève une grande source de richesse durant le XVIIe siècle : de 1700 à 1730, de grandes entreprises commerciales, habilement conduites, ajoutèrent encore à ces féconds résultats. La ville, exténuée et ruinée peu auparavant par les sacrifices qu'elle s'était imposés en faveur des réfugiés de la révocation de l'Edit de Nantes, ne s'en trouva pas moins, à l'époque que nous indiquons, dans la situation la plus prospère.

Les riches Genevois employèrent dès lors une notable partie de leur fortune à renouveler l'aspect de la ville. Habitués que nous sommes aujourd'hui aux belles et solides constructions des quartiers d'en haut, nous pourrions penser qu'il en fut toujours de même ; cependant, au fond, c'est aux façades de la Pelisserie et aux baraques du nord de l'Ile que nous devrions nous adresser pour trouver dans la ville actuelle des morceaux d'architecture propres à nous donner une idée de l'aspect qu'offrait, avant le XVIIIᵉ siècle, aussi bien la zone élevée de la colline genevoise que sa partie inférieure. Mais en quelques années tout avait changé de face : Beauregard, la Treille, la rue des Granges, celle des Chanoines, la Grand'Rue, la Cité, la rue de l'Hôtel-de-Ville, la place Saint-Pierre, la Taconnerie, l'Hôpital, le Temple-Neuf, le Grenier à blé, la façade neuve de la cathédrale, s'élevèrent avec une rapidité que les constructions parisiennes dépassent à peine aujourd'hui.

D'autre part, ce développement de prospérité matérielle ne pouvait manquer d'introduire une profonde modification dans les habitudes sociales : « Nous avons « des portes cochères, dit un pasteur, mais par ces « portes cochères le luxe entre à deux battants. » En effet, un assez grand nombre de citoyens faisaient de longs séjours à Paris, et ils en revenaient, cela se comprend aisément, fort peu charmés de leur précédente manière de vivre. A des hommes qui venaient de briller sous des habits de velours et de soie, de voir de près les splendeurs de la cour et les magnificences du théâtre, de jouir du charme des conversations et de l'esprit de ces admirables causeurs du XVIIᵉ siècle, il faut avouer que la puritaine Genève devait paraître bien sombre et bien froide. Il était dur de renfermer, de par la loi, les habits brodés, les dentelles, les bijoux, pour revêtir la *bonne serge* et le drap noir, seuls autorisés par les ordonnances. Ces privations excitaient d'amers regrets, et les fêtes, les comédies et les violons de la capitale retentissaient en bruyants souvenirs dans une vie monotone, compassée et plus sévèrement réglée que celle de bien des couvents. Sous cette impression, on lançait des épigrammes d'abord, puis on donnait des fêtes en dépit des amendes et des peines consistoriales ; on murmurait, on se révoltait fréquemment de fait contre les ordonnances somptuaires ; l'antipathie qu'inspiraient leurs prescriptions surannées ne se donnait pas la peine du raisonnement, et nul, parmi leurs adversaires, ne songeait à se demander si la République pourrait subsister en adoptant le luxe, les usages de la France, et surtout son élégante corruption.

Ainsi, vers le milieu du XVIIIᵉ siècle, la nation genevoise était divisée en deux classes bien tranchées : d'une part, les citoyens invariablement attachés à l'antique simplicité protestante; de l'autre, ceux qui, placés sous l'influence immédiate de la civilisation étrangère, se montraient hostiles à des lois qui ne portaient que trop le cachet de leur vieil âge.

Voltaire eut bientôt jugé de l'état des choses et s'empressa de calculer les moyens « de corrompre la pédante ville. » L'établissement d'un théâtre lui parut la mesure la plus urgente pour atteindre ce but ; c'est lui-même qui le dit.

VI

VOLTAIRE ET LE THÉATRE A GENÈVE

Le théâtre à Genève avant Voltaire. — Les orages politiques et la
comédie. — Les garçons barbiers jouant la tragédie. — Représentations dramatiques aux Délices et à Tournay. — Opposition du Conseil et du Consistoire. — Lettre de Rousseau contre
le théâtre à Genève. — La comédie à Châtelaine. — Lekain à
Ferney et enthousiasme des Genevois pour le célèbre tragédien.
— Voltaire dans les coulisses. — Voltaire et les magnifiques
seigneurs qui le sifflent. — Les *Chasse-gueux* au théâtre de Châtelaine. — Opposition des citoyens et incendie du théâtre de
Genève. — Mot de Voltaire : perruques et *lignasses*.

Dix-huit ans avant l'arrivée de Voltaire à Genève,
cette ville avait dû permettre temporairement l'établissement d'un théâtre, et voici quelle occasion fut plus
forte que les vieilles prescriptions interdisant « toute
représentation comique. »

En 1737, il s'était élevé dans Genève de terribles
discordes, dans lesquelles les deux partis politiques en
lutte eurent des torts à peu près égaux; le sang des citoyens fut répandu et la ville se divisa en deux camps
animés l'un contre l'autre d'une haine implacable. Les
cours de France, de Sardaigne et les cantons suisses
offrirent leur médiation, qui réussit à ramener dans
la République une paix apparente. Les ambassadeurs et
leur suite, trouvant fort peu de récréations dans Genève, demandèrent instamment l'établissement d'un

théâtre, et, malgré sa répugnance, le gouvernement dut y consentir. Un bâtiment en bois fut élevé à côté de la Place-Neuve : le Consistoire adressa, à ce sujet, les plus sérieuses remontrances, et obtint que la permission ne dépasserait point le terme d'un an ; ce délai expiré, il réclama la clôture des représentations, et voici les considérants qu'il émettait à l'appui de cette requête : « Il est triste de penser que les comédiens finis-« sent leur campagne en déclarant qu'ils n'ont trouvé à « vivre qu'ici et que cette ville est le Pérou. Ils ont rai-« son, car tous frais payés, l'hôpital subventionné, ils « emportent 15,000 francs, et malheureusement ce sont « les personnes gagnant leur vie qui ont fourni la ma-« jeure partie de cette somme. De plus, ce qui doit faire « penser que la comédie convient ici moins qu'ailleurs, « c'est le goût extraordinaire qu'on a fait paraître pour « les plaisirs et le spectacle : ce goût est si prononcé « qu'il a eu la force de suspendre l'impression des mal-« heurs publics les plus effrayants. Quand on pense que « des visages sur lesquels on voyait la crainte et la dou-« leur empreintes à la suite de nos désastres politiques, « ont paru dès le lendemain de la première comédie « tout brillants de joie et désireux de se divertir, on ne « peut s'empêcher de croire qu'il y a dans cette ville « un goût prodigieux pour le plaisir, auquel il est bien « important de ne pas fournir de nouveaux aliments. »

Le résultat de la démarche du Consistoire fut la fermeture du théâtre, mais les paroles mêmes que nous venons de citer nous dévoilent l'énergie du penchant des Genevois pour ce divertissement et l'impossibilité de conserver, en 1740, la rigueur des coutumes du XVIe siècle. Les faits ultérieurs se chargent bien, du reste, de le prouver à eux seuls. En effet, on transporta dans les maisons particulières des essais dramatiques destinés à remplacer le spectacle, qui n'était plus légalement autorisé, et le Consistoire dut, à maintes reprises, réprimander des citoyens prévenus du délit de « comédie à domicile. » Si nos ancêtres eussent choisi leurs pièces dans les ignobles répertoires de la foire et des carrefours, on pourrait approuver la sévérité ecclésiastique de l'époque ; mais l'esprit des Genevois, formé par leurs études du collége au goût de la bonne littérature, se manifestait, d'une manière remarquable dans le choix de leurs récréations dramatiques. La haute comédie et les plus belles tragédies étaient invariablement étudiées par les acteurs bourgeois, et quelle que fût la classe sociale des amateurs, ce fait ne présente aucune exception. Chose singulière, parmi les ouvriers, les gens les plus passionnés pour le drame étaient les garçons barbiers et perruquiers. Voici quels furent, à l'occasion de ce fait, leurs rapports avec le Consistoire. On les mande pour les censurer parce qu'ils ont représenté *Polyeucte*, *Cinna*, ou *Mahomet* et le Registre s'exprime en ces termes : « A comparu le sieur Aubert, maître à danser, « appelé céans pour avoir prêté *territoire* aux fins de « représenter la tragédie de *Mahomet* : il avoue qu'il a « prêté sa salle et qu'il a dansé en habit de paysanne « durant les intermèdes, ce dont il est gravement ré- « primandé. »

Un autre jour « ont comparu quinze garçons perru- « quiers et barbiers, appelés pour avoir été acteurs dans « la tragédie de la *Mort de César*, représentée chez le « sieur Joubert; ils ont été censurés et exhortés à mieux « observer les ordres de leurs supérieurs, et de s'atta-

« cher à leur profession sans s'arrêter au jeu ou à d'au-
« tres excès. » Ces censures consistoriales, fréquemment répétées, ne corrigeaient du reste personne, et
les représentations dramatiques étaient des plus fréquentes lorsque Voltaire vint s'établir aux Délices.

Nous avons vu les succès qu'il obtint à Lausanne en
faisant jouer ses pièces par des acteurs vaudois ; Voltaire supposa qu'il recevrait à Genève des encouragements analogues, et son théâtre se trouva prêt avant
que la maison fût terminée. Plusieurs familles riches
acceptèrent ses invitations, et le poëte n'eut rien de
plus pressé que d'organiser des comédies, sur lesquelles
il comptait « pour dominer la société genevoise. »

Aussi fut-il grandement irrité lorsqu'il apprit que la
majorité du Conseil d'Etat et le Consistoire blâmaient
son entreprise. Voici la délibération qui eut lieu à ce
sujet le 31 juillet 1755. : « M. le pasteur de Roches a
« dit que le sieur Voltaire se dispose à jouer des tragé-
« dies chez lui, à Saint-Jean, et qu'une partie des ac-
« teurs qui suivent les répétitions sont des particuliers
« de cette ville : dans ce but, il a fait bâtir un théâtre
« et préparer des décorations... Le Conseil déclare
« qu'il maintiendra la défense, qui est la même pour
« tous, et il invite Messieurs les pasteurs de la ville à
« visiter les personnes à qui M. de Voltaire distribue
« des rôles, pour les engager à s'abstenir. »

M. le professeur Tronchin rapporte que, dans une
visite qu'il fit quelques jours plus tard à Voltaire, celui-ci lui témoigna « être fort fâché d'avoir donné lieu
« à quelques plaintes au sujet d'une tragédie qu'on de-
« vait représenter chez lui, mais que c'était moins sa
« faute que celle de ses visiteurs, lesquels ne l'avaient

« pas averti. Qu'à présent qu'il est bien informé, il se
« donnera garde d'y contrevenir, son intention ayant
« toujours été d'observer avec respect les sages lois du
« gouvernement. »

En effet, durant trois années, Voltaire, passant les
hivers à Montrion, s'abstint d'organiser aux Délices des
représentations théâtrales « avec costumes et décorations. » Mais ne pouvant se passer de ce plaisir, et la
majorité du Conseil demeurant inflexible, il fit construire une salle à Tournay (Pregny), sur la frontière
genevoise. Dès lors il avait pleine liberté, et, pour
mieux attirer les amateurs, il y fit jouer plusieurs ar-
tistes de la Comédie-Française, que le fameux Lekain
avait conduits aux Délices auxquels voulurent bien se
joindre plusieurs dames genevoises pour compléter la
troupe de Tournay. Pour le coup, le scandale parut trop
grand ; on allait répétant dans les cercles : « A quoi
« servent les lois si, pendant qu'on nous défend de jouer
« la comédie dans nos maisons, les dames peuvent la
« jouer chez M. de Voltaire ? » — Et la Compagnie des
Pasteurs finit par adresser au Conseil une remontrance
dont voici la partie la plus saillante : « Il est contre la
« décence publique et bien affligeant pour tout bon ci-
« toyen que des personnes destinées par leur naissance,
« leur éducation et leurs talents, au gouvernement de
« l'Etat se produisent sur un théâtre presque public
« pour mériter les éloges de vrais comédiens : de jeu-
« nes dames, qui devraient donner des exemples de
« modestie, osent se mettre en quelque sorte au rang
« des comédiennes, en sorte que le goût pour le théâ-
« tre fait des progrès dangereux et fortifie le penchant,
« qui ne règne que trop, pour la dissipation, le luxe et

« la dépense. Ces dissipations influent nécessairement
« sur les mœurs et font naître des sentiments d'indiffé-
« rence pour la religion et la patrie. L'exemple des
« personnes riches peut être suivi par des gens de tout
« état qui y perdront leur argent et leurs principes.
« Pour remédier à ce mal, il faut qu'on fasse au sieur de
« Voltaire une défense expresse de faire jouer ou per-
« mettre qu'on joue aucune pièce de théâtre, soit par
« représentation publique, soit par répétition, pour
« éviter tout sujet équivoque. Puis le Petit Conseil fera
« défense expresse à tous sujets de cet Etat de repré-
« senter des pièces, tant sur le territoire que dans les
« environs. » A la suite de ces observations, le Conseil
fit tout ce qu'il pouvait faire : il prit des mesures sévè-
res contre les acteurs de Tournay.

Voltaire, on le comprend, ne voulut pas laisser au
Conseil le dernier mot : « On jouera la comédie aux Déli-
« ces, s'écria-t-il ; on la jouera malgré les perruques ge-
« nevoises ! » Et Lekain lui fut un merveilleux instrument pour déjouer la résistance des magistrats genevois : « J'attends Lekain, écrit-il à d'Argental ; il dé-
« clamera des vers aux enfants de Calvin : leurs mœurs
« sont fort adoucies, ils ne brûleraient plus Servet. A
« propos de Calvin, je vais leur jouer un tour dont ils
« me sauront mauvais gré : je me suis procuré un vieux
« fauteuil qui servait de chaise ou de chaire à leur ré-
« formateur ; je l'emploierai dans l'entretien d'Auguste
« et de Cinna ; le beau bruit quand les prédicants le
« sauront ! » Et, quelques jours plus tard, il peut ajouter : « Eh bien, j'ai réussi ; j'ai fait pleurer tout le
« Conseil de Genève ; Lekain a été sublime, et je cor-
« romps la jeunesse de cette pédante ville. »

Plût à Dieu que cette corruption se fût bornée à faire entendre Lekain à la jeunesse genevoise !

D'Alembert se trouvait alors aux Délices : il composa, sous la dictée et les inspirations de Voltaire, l'article GENÈVE, qu'il inséra dans l'*Encyclopédie*, et sur lequel nous reviendrons plus tard à un autre point de vue. Voici le passage qu'il y consacre au théâtre : « On ne « souffre point de comédie à Genève : ce n'est pas « qu'on y désapprouve les spectacles en eux-mêmes, « mais on craint le goût de la parure, la dissipation, « le libertinage que les troupes de comédiens ap- « portent avec elles. Cependant ne serait-il pas pos- « sible de remédier à cet inconvénient par des lois sé- « vères et bien exécutées sur la conduite des comé- « diens Par ce moyen Genève aurait des spectacles et « conserverait ses mœurs : les représentations théâtra- « les formeraient le goût des citoyens, leur donneraient « une finesse de tact, une délicatesse de sentiments « qu'il est bien difficile d'acquérir sans ce secours. »

Rousseau écrivit alors un traité de 200 pages sur l'usage et l'abus des spectacles ; il montra tous les dangers de cette institution pour Genève au point de vue patriotique. Le Consistoire se joignit à Rousseau, et le mandement qu'il publia à ce sujet (17 novembre 1760) reflète, au point de vue religieux, les idées et les principes défendus avec tant de chaleur par notre illustre concitoyen.

L'opposition que Voltaire rencontrait ne fit que le fortifier dans ses résolutions : ne pouvant introduire officiellement la comédie dans les murs de Genève, il annonça à grand bruit l'ouverture du théâtre de Châtelaine. Les Genevois, amis des anciennes coutumes de la République, les citoyens, partisans des principes de Rousseau, s'employèrent à l'envi pour entraver ce projet. La Compagnie des Pasteurs ordonna une visite générale des paroisses, « aux fins d'obtenir des adhésions « contre le théâtre de M. de Voltaire. » Les promesses d'abstention furent si nombreuses qu'on put croire que les comédiens joueraient dans le désert. « Mais « quelle déception, écrit un témoin oculaire, M. Mou- « chon. Le théâtre est achevé, le jour de l'ouverture « fixé. Des assemblées ont eu lieu dans les cercles ; « les vrais patriotes, amis de la religion et du pays, « s'engagent volontairement à n'y pas mettre les pieds ; « ils vouent les comédiens à l'abandon et à la misère : « on se roidit, on se prépare à lutter contre la tenta- « tion ; mais, hélas ! le jour arrive..... et le soir de ce « jour tout le monde va à Châtelaine... c'était comme « une procession ! » Un peu plus tard, M. Mouchon écrit encore : « Tout l'intérêt que devait causer le ti- « rage de la loterie a été absorbé cette semaine par la « passion pour la comédie ; il semblait qu'on allait « chercher le gros lot à Châtelaine par la fureur avec « laquelle on s'y portait. Ce grand concours a été « excité par le sieur Lekain, célèbre acteur de Paris, « qui, étant venu visiter Voltaire à Ferney, a été solli- « cité de représenter sur le théâtre de Châtelaine, et y « a joué effectivement trois fois la semaine dernière « dans trois pièces de Voltaire, *Adélaïde Du Guesclin*, « *Mahomet* et *Sémiramis*. Je ne saurais vous peindre « toutes les folies qui se sont faites à l'envi pour voir « représenter cet homme-là, et les foules de monde qui « y couraient dès le matin, malgré le mauvais temps. « On a payé jusqu'à un louis le louage d'une voiture ;

« on n'en trouvait plus... l'on faisait venir les plus mau-
« vaises carrioles de Chênes et de Carouge. Moi qui
« vous parle, j'ai participé à la folie générale et je n'ai
« pu résister à la curiosité de voir le célèbre acteur.
« Je me réservais pour samedi, qu'on devait jouer *Sé-*
« *miramis* : je savais qu'il brillait le plus dans le rôle
« de Ninias. Je réparai à force de travail le temps que
« je devais donner le lendemain, car j'étais à Châte-
« laine à *onze heures et demie du matin*, et encore trou-
« vai-je le parterre rempli. Mais je vis tout aussi bien
« depuis les secondes loges, et j'eus l'avantage d'avoir
« la compagnie de M. Mussard, ancien syndic, qui, lui
« aussi, avait fait une exception de ses principes patrio-
« tiques contre la comédie en faveur de l'acteur en
« question. — Je vis des choses sublimes et qui sur-
« passèrent encore l'idée que la renommée m'avait
« donnée de ce parfait acteur. Comme toutes les pas-
« sions venaient se peindre sur son visage ! Quelle
« magnifique récitation ! quels gestes cadencés ? quelle
« brillante pantomime ! Mais c'est encore moins l'art
« que l'on admire en lui, ce sont ces écarts, cette fou-
« gue impétueuse, cet involontaire oubli de soi-même
« qui enlève au spectateur le temps de l'examen et au
« critique le froid compas de l'analyse. Tel est le mo-
« ment où il sort du tombeau de Ninus, croyant avoir
« frappé Assur, tandis qu'il vient de tuer Sémiramis.
« C'était le triomphe de la nature : aussi le frémisse-
« ment était-il universel. Mais ce qui ne fut pas une
« des moindres parties du spectacle, ce fut Voltaire
« lui-même, assis contre la première coulisse, en vue
« de tous les spectateurs, applaudissant comme un pos-
« sédé soit en frappant avec sa canne, soit par ses ex-

« clamations : « On ne peut pas mieux ! — Ah ! mon
« Dieu, que c'est bien ! » soit en prêchant l'attendris-
« sement d'exemple et portant son mouchoir à ses yeux.
« Il fut si peu maître de son enthousiasme que, dans un
« moment où Ninias quitte la scène après avoir bravé
« Assur, sans crainte de déranger toute l'illusion il cou-
« rut après Lekain, le prit par la main et l'embrassa
« vers le fond du théâtre. On ne pourrait imaginer un
« ambigu plus comique, car Voltaire ressemblait à un
« de ces vieillards de comédie, les bas roulés sur ses
« genoux et habillé suivant le costume du bon vieux
« temps, ne pouvant se soutenir sur ses jambes trem-
« blantes qu'à l'aide de sa canne. Toutes les traces de
« la caducité sont empreintes sur son visage, ses joues
« sont caves et ridées, son nez prolongé, ses yeux
« presque éteints ; mais, comme dit Fréron, cette tête
« glacée renferme un volcan toujours en éruption,
« quoique avec des flammes il jette aussi de la fumée
« et des cendres. »

Voltaire ne négligeait rien, comme on le voit, pour
produire de l'effet sur les Genevois et les attirer à lui ;
il employait des acteurs de grand talent et faisait jouer
à Châtelaine ses meilleures pièces ; les habitués
montraient leur gratitude pour ces procédés en applaudissant à outrance les œuvres du poëte. Toutefois, un
beau soir, les choses tournèrent autrement. Voltaire faisait, par exception, représenter une de ses plus insigni-
fiantes productions, intitulée *Charlot* ; c'est la vieille
histoire d'un enfant de la campagne changé en nour-
rice contre le fils d'un seigneur. D'après les idées du
temps sur la noblesse innée, le paysan anobli commet
toutes les grossièretés imaginables, malgré la bonne

éducation qu'il reçoit dès le berceau, tandis que l'enfant noble fait et dit naturellement les plus belles choses sous le sarrau du laboureur.

Cette donnée ne plut guère aux spectateurs républicains de Châtelaine, et comme, du reste, ce drame est fort médiocre, le parterre fit preuve de goût, sinon de politesse, en sifflant sans miséricorde ; il ne voulait pas laisser terminer la représentation. Tout d'un coup, au plus fort du tumulte, s'avance hors de sa loge le grand corps de Voltaire, qui, gesticulant de sa canne vers les spectateurs, leur crie de sa plus tonnante voix : « Magnifiques et très-honorés Seigneurs! je suis chez « moi, et si vous ne vous tenez pas tranquilles, je vous « fais administrer la plus robuste volée que votre Répu- « blique ait jamais reçue! » Les applaudissements et les rires accueillirent cette boutade, qui fit écouter jusqu'au bout la pièce menacée.

Une plaisanterie d'écolier mit Voltaire dans un nouvel accès de fureur. Un jeune Anglais, le fils de lord Mahon, demeurait à Genève. Il imagina de faire habiller de neuf les *chasse-gueux* (valets de voirie) de la ville, et puis il leur remit l'argent nécessaire pour prendre des billets de loges au théâtre de Châtelaine. Lorsque les Genevois reconnurent ces étranges spectateurs, il s'éleva un tumulte difficile à décrire. Les chasse-gueux persistèrent longtemps, déclarant qu'on les avait payés pour voir le spectacle et qu'ils ne sortiraient point de la salle. Ils se rendirent néanmoins aux injonctions réitérées de la foule. Voltaire et le Président français se plaignirent amèrement au Conseil, qui désapprouva fort cette sotte manifestation ; mais toute la répression dut se borner à écrire une lettre de blâme au jeune lord.

Le théâtre de Châtelaine resta ouvert jusqu'en 1766 ; cette année-là, des troubles survenus à Genève nécessitèrent une nouvelle intervention diplomatique de la France, de Berne et de Zurich. L'envoyé français, M. de Hauteville, fortement sollicité par Voltaire, demanda que les acteurs de Châtelaine vinssent jouer à Genève. Le Conseil, soutenu par un grand nombre de chefs de famille, refusa d'abord ; mais il n'était pas en position de faire cette fois une résistance sérieuse ; bientôt il dut céder à l'action de la diplomatie française, et le théâtre s'établit à Genève (avril 1766). On put voir alors combien l'influence de Rousseau était grande sur ses concitoyens : notre grand philosophe désapprouvait hautement l'introduction de la comédie au sein d'une république dont la vraie sauvegarde était, à son avis, « la dignité personnelle et la sévérité des mœurs. » Les amis de Jean-Jacques écoutèrent ses conseils et les mêmes hommes qui avaient été à Châtelaine prirent sur eux de ne pas mettre les pieds au théâtre de la place Neuve. Tout au contraire, les commensaux de Ferney et un certain nombre d'artisans profitèrent largement des récréations dramatiques. Voltaire en prit occasion pour couvrir Rousseau d'injures et proclamer un triomphe fort contestable. «Le théâtre est dans Genève, s'é- « crie-t-il. En vain Jean-Jacques a-t-il joué dans cette « affaire le rôle d'une cervelle mal timbrée, les plénipo- « tentiaires lui ont donné le fouet d'une manière publi- « que. Quant aux prédicants, ils n'osent lever la tête : « lorsqu'on donne le *Tartuffe*, le peuple saisit avec trans- « port les allusions qui les concernent. »

Cette joie de Voltaire dura peu. Si ses partisans étaient assez nombreux pour garnir les loges et le par-

terre de la nouvelle salle de spectacle, la grande majorité du peuple désapprouvait encore cette institution, et
le seigneur de Ferney put s'en convaincre par une désagréable expérience. Le 5 février 1768, vers six heures
du soir, une lueur épouvantable rougissait le ciel du
côté de la place Neuve : chacun d'accourir, portant, selon l'usage, sa seille ou son *seillot* pleins d'eau. Près de
L'Hôtel-de-Ville, un certain nombre de personnes stimu-
laient le zèle des arrivants. Mais lorsque, du haut de la
Treille, les hommes et les femmes découvraient le foyer
de l'incendie, ils versaient brusquement leurs *seaux*
le long de la rampe en disant : « Ah ! c'est le théâtre
« qui brûle ! Eh bien ! mes beaux messieurs, que
« ceux qui l'ont voulu l'éteignent ! » Ces paroles ex-
citèrent l'indignation de Voltaire, qui s'écria : « Ah !
« cette Genève ! quand on croit la tenir, tout vous
« échappe ! Perruques et *tignasses*, c'est tout un ! »

Voulant parer aux inconvénients qui, selon son opinion résultaient pour la ville de la destruction de son
théâtre, il fit rouvrir celui de Châtelaine et, en outre, favorisa de tout son pouvoir les représentations à domicile chez les Genevois. Son principal coadjuteur fut un
sieur Papillon, très-souvent mis à l'amende pour *délit
de comédie*. Voltaire payait pour lui, et, voulant pousser
à bout le Consistoire, il imagina la plaisanterie d'écolier
que voici : Un matin on trouva affiché sur les portes des
temples un placard portant ces mots : « *Par permission
de la Vénérable Compagnie des pasteurs, le sieur Papillon et sa compagnie à lui joueront le Barbier de Séville.* »
Le sieur Papillon fut incarcéré pendant quelques jours ;
puis, traduit devant le Consistoire, il voulut lire pour sa
défense une apologie du théâtre composée par Voltaire :

on lui en refusa la permission, et il répondit avec une insolence sans égale. Le Conseil le punit de nouveau, mais son autorité fut impuissante à empêcher les représentations, qui recommençaient presque chaque semaine. Cet état de choses dura jusqu'en 1782. A cette époque, une troisième médiation française ayant eu lieu pour calmer de nouveaux troubles politiques dans Genève, le théâtre fut reconstruit, et dès lors a subsisté sans interruption dans notre ville, sauf durant les temps de révolutions et de calamités publiques.

VII

CONTINUATION DE LA LUTTE AVEC VOLTAIRE

L'impératrice de Russie et les institutrices genevoises. — Colère de Voltaire contre les magistrats. — Robert Covelle et le Consistoire. — Rôle de Voltaire. — Respect du peuple pour ses pasteurs. — L'émeute de Saint-Gervais.

Si l'opposition d'une partie des Genevois à l'endroit de la propagande dramatique de Voltaire échauffa maintes fois sa bile contre « la cité pédante et la parvulissime République, » il ne manqua pas d'autres griefs à reprocher aux « intraitables magistrats calvinistes, » et l'impératrice Catherine de Russie fut cause d'un violent démêlé entre Genève et Ferney. Le poëte avait conçu pour cette souveraine un enthousiasme qui allait jusqu'au délire; il lui adressait les formules de louange que la religion consacre à la Divinité; il l'ornait de toutes les vertus, lui prêtait les vues les plus larges et les plus libérales pour la civilisation de son empire, et lui souhaitait toutes prospérités dans sa guerre contre les Turcs (*Corresp.*, 1765). A Genève on jugeait les choses un peu différemment : le gouvernement se montrait peu partisan de l'agrandissement d'une puissance déjà colossale, et Voltaire fut très-scandalisé de ce que, les armées de Catherine ayant été battues, deux ou trois conseillers avaient allumé des feux de joie dans leurs campagnes.

Il s'empressa de le mander au prince Galitzin. Il eut bientôt un nouveau et plus grave sujet de plainte. L'impératrice envoya à Genève un M. de Bulow, recommandé à Voltaire et chargé d'emmener à Saint-Pétersbourg un certain nombre d'institutrices et de domestiques destinées au service de la cour impériale. Nous lisons à ce sujet dans les registres du Conseil (20 août 1765): « M. Sales, syndic de la garde, ayant avis que « le sieur de Bulow, colonel au service de Sa Majesté « l'impératrice Catherine, vient d'arriver en cette ville « avec charge d'engager des demoiselles pour les em- « mener en Russie, il a été attentif, depuis l'arrivée « de cet officier, à éclairer sa conduite. Cet officier a « essayé de débaucher quelques personnes ; sur quoi « l'avis a été de la part du Conseil que, de tels engage- « ments étant opposés à nos lois, qui ne permettent « pas ces sortes de voyages, on prierait le sieur de « Bulow de se désister volontairement de ses efforts, « afin de n'être pas obligé de lui faire de la peine. » M. de Bulow parla très-fièrement, déclara qu'il ne partirait pas avant d'avoir rempli sa mission, à moins qu'on ne le fît saisir par des soldats. Sa résistance fut inutile; Berne et Genève se mirent d'accord pour empêcher cette émigration, et l'envoyé de Catherine dut s'éloigner sans emmener personne. On s'était retranché derrière la loi, qui pourtant n'empêchait pas les demoiselles genevoises d'accepter des places d'institutrices en Angleterre : mais il y avait un autre motif, et Voltaire le sut. Tout ému de cette *insolence*, il interrogea là-dessus M. Tronchin, qui ne se gêna nullement pour dire à l'adorateur de Catherine ces mots significatifs : « Monsieur de Voltaire, le Conseil se regarde comme le père de tous

« les citoyens ; en conséquence il ne peut souffrir que
« ses enfants aillent s'établir dans une cour dont la
« souveraine est violemment soupçonnée d'avoir laissé
« assassiner son mari, et où les mœurs les plus relà-
« chées règnent sans frein. » Voltaire ne fit pas grand
bruit de cette réponse, et quand il raconta l'affaire à
son ami d'Argental (*Corresp.*, 1765), il se borna à lui
dire : « Voici des choses d'une autre espèce. Je crois
« vous avoir mandé que l'impératrice de toutes les
« Russies, souveraine de 2,000 lieues de pays et de
« 300,000 automates armés qui ont battu les Prussiens,
« batteurs des Autrichiens, etc., que ladite impératrice
« daignait faire venir quelques femmes de Genève
« pour montrer à lire et à coudre à des jeunes filles de
« Pétersbourg ; que le Conseil de Genève a été assez
« fou et assez tyrannique pour empêcher des citoyen-
« nes libres d'aller où leur plaît, enfin assez *insolent*
« pour faire sortir de la ville un seigneur envoyé par
« cette souveraine ! Monsieur le comte de Schouvalof,
« qui était chez moi, m'avait recommandé ces demoi-
« selles. Je ne balance assurément pas entre Cathe-
« rine II et les vingt-cinq perruques de Genève. Cette
« aventure m'a été fort sensible. Il y a dans ce Conseil
« trois ou quatre *coquins*, c'est-à-dire trois ou quatre
« dévots fanatiques qui ne sont bons qu'à jeter dans
« le lac. »

Un incident qui préoccupa longtemps la République
fournit à Voltaire le moyen de répandre ses plus amères
plaisanteries sur ces *dévots fanatiques* et sur le clergé
protestant de Genève. C'est en 1764 ; un citoyen nommé Robert Covelle, homme d'un caractère violent et
menant une conduite fort relâchée, fut appelé devant

lè Consistoire pour être censuré d'une faute grave; après qu'il eut avoué ses torts, le président du Consistoire lui dit de s'agenouiller, suivant l'usage, pour entendre la réprimande qui devait lui être adressée et demander pardon à Dieu. Covelle déclara qu'il lui fallait une semaine de réflexion pour décider s'il pouvait se soumettre à cette formalité. Au bout de quinze jours il revint, refusa absolument de s'humilier et présenta un mémoire dans lequel il prouvait que nulle part, dans les ordonnances ecclésiastiques, la génuflexion n'était exigée. Le mémoire était remarquablement écrit, et comme il était bien notoire que Covelle ne possédait nullement les facultés intellectuelles nécessaires pour la composition d'un semblable travail, on le pressa de questions sur sa véritable origine ; il finit par convenir qu'il avait été conduit à Ferney, et que Voltaire l'avait fort engagé à braver le Consistoire ; deux ou trois citoyens genevois présents à cette visite l'avaient eux-mêmes encouragé à la résistance, et avaient remis à Voltaire les matériaux nécessaires pour la rédaction du mémoire qui venait d'être présenté au Consistoire. « Maintenant, ajoutait Covelle, je suis parfaitement dé-« cidé ; non-seulement je ne me soumettrai pas à ces « messieurs, mais encore je vais faire imprimer ce « travail contre la génuflexion. »

Le Consistoire vit bientôt que cette affaire prenait les proportions d'une question générale. En effet, le mémoire de Covelle-Voltaire reçut la plus grande publicité ; on y répondit en montrant qu'un usage qui avait deux cents ans d'existence, et auquel tant d'hommes distingués s'étaient soumis, valait bien un paragraphe d'ordonnance ; bref, les citoyens se divisèrent

en deux camps. Les adversaires de la génuflexion déclarèrent que lors même que cette humiliante forma-
« lité aurait été inscrite dans les ordonnances, les temps
« étaient changés, et qu'un Genevois ne devait point
« être soumis à cette pénible coutume. Le repentir,
« ajoutaient-ils, est une affaire entre la conscience
« humaine et le juge souverain : l'homme qui pense
« avoir violé la loi divine doit s'humilier, s'agenouiller
« devant son Dieu ; mais, d'après les paroles mêmes de
« Jésus-Christ, cet acte s'accomplit dans le plus profond
« secret, sans témoins, nul ne pouvant intervenir entre
« la créature qui se repent et le Créateur qui par-
« donne. »

La raison était certainement du côté des citoyens,
mais le Consistoire ne voulut pas céder : les brochures
se multiplièrent ; leur réunion forme trois gros volumes
qui sont de la plus indigeste lecture. Voltaire, en particulier, défendit vivement Covelle à l'aide de cette raillerie acérée qu'il possédait si bien ; puis, saisissant le
moment où il jugea que, grâce à sa tactique, le ridicule
commençait à s'attacher aux prétentions du Consistoire,
il crut porter le dernier coup en lâchant sur les *fanatiques* son poëme intitulé : *Guerre de Genève*, libelle
aussi scandaleux dans son genre que la *Jeanne d'Arc*
dans le sien. Voltaire y critique les mœurs des Genevois
avec une malice, chose singulière, un peu lourde ; il as-
saille les pasteurs de plaisanteries, dont quelques-unes
sont fort spirituelles ; mais bientôt il abandonne la satire permise pour s'abaisser aux plus odieuses calomnies ;
les pages les plus infâmes s'adressent à Rousseau. Le
dégoût le mieux motivé vous saisit à la lecture de ce
pamphlet. Les Genevois de l'époque à laquelle nous

nous reportons en éprouvèrent, du reste, cette impression.

Quoi qu'il en soit, peu après l'apparition de cette pièce odieuse, la querelle s'apaisa : le Conseil abolit la génuflexion et Robert Covelle vint demander à être admis à la Sainte-Cène ; le Consistoire lui répondit qu'il acceptait volontiers tout repentir véritable, mais que, pour prouver sa sincérité, il devait désavouer publiquement les douze lettres écrites sous son nom par Voltaire, et surtout renoncer à la subvention annuelle de 300 francs que le seigneur de Ferney lui faisait pour avoir le privilége d'imprimer sous son couvert des choses impies et scandaleuses. Covelle nia la réalité de la subvention, on lui prouva la vérité de l'accusation ; il persista dans son dire, et le Consistoire décida de ne plus s'occuper de cet individu : c'était certainement ce qu'il pouvait faire de plus sage.

Il semblerait, d'après ces circonstances, que Voltaire pût se féliciter d'une victoire remportée sur le clergé de Genève, mais il ne paraît pas qu'il l'ait estimée bien haut, car, à cette époque, il publia, en tête de sa tragédie des *Scythes*, une préface que l'on n'a pas réimprimée dans ses Œuvres complètes, et où il exhale sa mauvaise humeur contre les Genevois (1). « Il y avait, « dit-il, en Perse, un bon vieillard qui cultivait son « jardin ; ce jardin était dans une vallée immense, en- « tourée des montagnes du Caucase, couvertes de nei- « ges éternelles. Ce vieillard n'écrivait ni sur la popula- « tion, ni sur l'agriculture, comme on le faisait par

---

(1) *Collection de M. le docteur Coindet.* Brochure contenant la tragédie des *Scythes*, chargée des corrections de la main de Voltaire, faites après la première représentation.

« passe-temps à Babylone, ville qui tire son nom de
« *Babil.* Il a fait représenter des tragédies par sa fa-
« mille et quelques bergers du mont Caucase. Ce fait
« lui attire de violents ennemis dans Babylone, c'est-
« à-dire une douzaine de gredins qui aboient sans cesse
« après lui et lui imputent les plus impertinents livres
« qui aient jamais déshonoré la presse (1) ; il les laisse
« griffonner et calomnier, et pour être loin de cette
« racaille, il se retire auprès du mont Caucase avec sa
« famille et cultive son jardin. » Cette citation, qui se
reporte à la date de 1767, ne paraît guère provenir de
la plume d'un homme qui jugerait avoir réussi dans les
plans que nous connaissons, et le fait suivant, qui eut
lieu dans la même année, prouve que si les railleries de
Voltaire avaient flétri le caractère du clergé genevois
auprès de quelques incrédules ricaneurs, la masse du
peuple ne partageait nullement cette impression.

C'était au mois de décembre 1766, au plus fort des
discussions politiques du moment ; la disette commençait à se faire sentir. Les citoyens de Saint-Gervais,
murmurant fort contre un *accapareur* de leur quartier,
s'ameutèrent un soir devant la maison de cet homme,
et voulurent s'emparer de ses provisions de blé. Le pasteur du quartier, homme fort âgé, averti du tumulte,
revêt à la hâte son manteau et son rabat, et, précédé de
sa servante portant une lanterne, il s'avance vers le
rassemblement ; on lui fait place, il arrive sur le seuil
de la porte, qui était déjà brisée ; puis, se tournant
vers la foule, il se mit à genoux et dit ces simples mots :

---

(1) Les *douze lettres de M. Covelle*, aujourd'hui imprimées dans
es éditions complètes de Voltaire.

« Mes frères, prions Dieu ! » Ces hommes irrités demeurent un instant indécis, puis toutes les têtes se découvrent et le pasteur demande à Dieu de faire rentrer la justice et le calme dans les cœurs agités ; puis il récite les dix Commandements et le sommaire de la Loi, et conjure ses auditeurs de faire le sacrifice de leurs ressentiments... Pas une parole ne s'élève pour le contredire, la foule se dissipe en silence, et le lendemain l'accapareur, soit peur ou émotion généreuse, livrait ses provisions à un taux raisonnable.

Voltaire comprit cette leçon indirecte, et vit que le ridicule jeté sur la personne des pasteurs n'atteignait pas son but, et cette défaite lui fut aussi sensible que celle qu'il avait éprouvée neuf ans auparavant, lorsqu'il voulut dénaturer la doctrine des pasteurs genevois auprès de l'Europe chrétienne. C'est par cet incident que nous commencerons l'exposé de la lutte des idées religieuses entre le philosophe de Ferney et le clergé de Genève.

VIII

L'ÉGLISE DE GENÈVE ET L'ENCYCLOPÉDIE

D'Alembert aux Délices. — Description de Genève dans l'Encyclopédie. — Doctrine des pasteurs exposée d'une manière erro-
née. — Manifeste dogmatique de la Compagnie des Pasteurs. —
D'Alembert obligé par le ministre Vernes d'avouer que nul
pasteur ne lui a fait des confidences antichrétiennes. — Caractère éminemment chrétien du Mémoire justificatif de la Compagnie et son éloge par Rousseau. — Approbation de toute l'Europe protestante. — Chagrin de Voltaire.

Voltaire savait fort bien que les opinions et les croyances sont les biens les plus précieux pour les hommes
sincères et convaincus, mais il ne pouvait concevoir
que l'on admît sérieusement des vérités que lui-même
considérait comme de lourdes erreurs ; aussi la prédication journalière des dogmes chrétiens dans Genève
lui agaçait les nerfs d'une façon toute particulière. Il
conçut, dans son irritation, le plan de compromettre
les ministres genevois aux yeux des chrétiens orthodoxes eux-mêmes et disposa sa nouvelle machine
de guerre avec une grande habileté. Sachant que
les pasteurs genevois proclament que leur foi chrétienne est uniquement fondée sur l'autorité divine des

saintes Écritures, et que, satisfaits de cette base de leurs croyances, ils exposent leurs doctrines avec les seules expressions tirées de la Bible, Voltaire, dans cette position si claire et si logique, parvint à trouver un côté à exploiter. Le clergé genevois, ne donnant point un caractère infaillible et divin aux expressions de *Trinité*, de *péché originel*, etc., consacrées par l'Eglise et conservées dans les professions de foi des réformateurs, le philosophe incrédule saisit cette circonstance pour déclarer que ce clergé enlève à la religion tout caractère surnaturel et divin : il lui était d'autant plus facile de faire des ecclésiastiques genevois des *Sociniens* que l'Eglise romaine envisage comme tels ceux qui n'admettent pas le texte même de ses dogmes.

On était en 1767. D'Alembert, Diderot et leur entourage publiaient le fameux ouvrage de l'*Encyclopédie :* son succès dépassait toute prévision humaine ; il atteignait toutes les parties du monde civilisé où avait pénétré la langue française, et pour ne nous occuper que de Genève, il avait causé dans cette ville une véritable émeute intellectuelle. Les gens peu instruits acceptaient sans contrôle les affirmations les plus hasardées de ce livre ; les maîtres et les ouvriers employaient un temps considérable à l'étudier ; l'engouement était poussé jusqu'à la passion, et véritablement l'entreprise, par sa grandeur et son originalité, méritait la faveur populaire, bien que certains articles fussent indignes de vrais philosophes et de savants consciencieux. Au plus fort de cette vogue, d'Alembert vint passer un mois chez Voltaire ; il fit quelques visites à Genève et témoigna le désir de connaître dans ses détails l'histoire de la Répupublique ; on lui remit un mémoire à ce sujet. Il

compléta ses notions sur la cité de Calvin dans la
conversation de Voltaire, et, au mois d'octobre 1757,
le célèbre article intitulé GENÈVE parut dans l'*Encyclopédie*. D'Alembert débute par un exposé passablement
exact de son histoire ; il offre ensuite une description
très-favorable et très-bienveillante des mœurs et des
coutumes genevoises, et vient enfin à parler du clergé
protestant. Voici le tableau qu'il en trace : « La cons-
« titution ecclésiastique de Genève est purement pres-
« bytérienne : point d'évêques, encore moins de chanoi-
« nes ; on ne croit pas l'épiscopat de droit divin, et l'on
« pense que des pasteurs peu riches et moins impor-
« tants que des évêques conviennent mieux à une petite
« république. Le revenu des pasteurs ne va pas au delà
« de 1,200 francs ; ils n'ont point de casuel. Quant
« aux mœurs, il serait à désirer que la plupart de nos
« ecclésiastiques romains suivissent leur exemple ; le
« clergé de Genève a des mœurs exemplaires ; les mi-
« nistres vivent dans une grande union ; on ne les
« voit point, comme dans d'autres pays, se persécuter
« mutuellement ni s'accuser auprès des magistrats ; il
« y a peu de contrées où les théologiens soient plus en-
« nemis de la superstition et de l'intolérance, et comme
« la superstition et l'intolérance ne servent qu'à multi-
« plier les incrédules, on se plaint à Genève moins
« qu'ailleurs des progrès de l'incrédulité. Les ecclésias-
« tiques font encore mieux à Genève que d'être tolé-
« rants ; ils se renferment uniquement dans leurs
« fonctions, ils donnent les premiers l'exemple de la
« soumission aux lois. — Le service divin est très-
« simple ; point d'images, point de cierges, point d'or-
« nements dans les églises ; il faudrait seulement une

« musique meilleure ; mais la vérité nous oblige à dire
« que l'Être suprême est adoré dans Genève avec une
« décence et un recueillement que l'on ne remarque
« point dans nos églises. » Ah ! si l'*Encyclopédie* n'eût
contenu que de semblables paroles, certes le clergé de
Genève aurait pu se croire en paix avec Voltaire ! Mais
attendons la fin : *in cauda venenum*, dit l'ancien adage.
— Passant au dogme, d'Alembert ajoute : « Plusieurs
« ministres ne croient point à la divinité de Jésus-Christ ;
« ils prétendent qu'il ne faut jamais prendre à la lettre
« ce qui, dans les saints Livres, pourrait blesser l'hu-
« manité et la raison : leur religion est un socinianisme
« parfait, rejetant tout ce qu'on appelle mystère révélé.
« Ils s'imaginent que le principe d'une religion véritable
« est de ne rien proposer à croire qui heurte l'intelli-
« gence. »

Le 23 décembre 1757, M. le professeur de la Rive
parle avec une profonde douleur, à la Compagnie des Pasteurs, de cet article, qui avait paru dans le tome VII de
l'*Encyclopédie* ; la Compagnie désigne aussitôt une commission composée de MM. Sarasin, de la Rive, Vernet,
Trembley, Maurice, Le Cointe, Tronchin, Eynard, «pour
composer avec toute la maturité possible une *déclaration*
« *de principes* en réponse à l'ouvrage français. »

Pendant que la commission travaille, une violente
discussion s'engage dans le public sur les assertions de
l'*Encyclopédie*. Rousseau, le premier, prend la défense
des pasteurs, et il découvre aisément la main qui avait
dirigé la plume de d'Alembert. Dans une lettre imprimée, qui eut un immense retentissement, comme tout ce
qui sortait de la plume de notre illustre compatriote, il
dit à d'Alembert : « Plusieurs pasteurs de Genève n'ont,

« selon vous, qu'un socinianisme parfait : voilà ce que
« vous déclarez à la face de l'Europe. J'ose vous de-
« mander comment vous l'avez appris? C'est sur le té-
« moignage d'autrui ou l'aveu des pasteurs. L'aveu des
« pasteurs? Vous seriez bien embarrassé d'en citer un
« seul qui vous ait confié de pareilles choses ! Le témoi-
« gnage *d'autrui?* N'avez-vous pas de fortes raisons de
« douter de son impartialité ? »

D'Alembert persistant à déclarer que ses informations
sur la doctrine lui étaient fournies par plusieurs pasteurs
de Genève, M. Jacob Vernes lui écrivit et lui demanda de
nommer ces ecclésiastiques et d'articuler leurs paroles.
Refus de d'Alembert, qui déclara « ne vouloir trahir ni le
« secret, ni les noms dans une affaire dite en confi-
« dence. » — Monsieur,» lui répliqua M. le ministre Ver-
« nes, « feu M. le pasteur Lullin, M. de la Rive et moi,
« sommes les seuls ecclésiastiques que vous ayez vus à
« Genève; aussi notre surprise est profonde en lisant ce
« que vous avez dit de notre théologie. Rien dans nos
« paroles n'a pu vous autoriser à cette publication, car
« nous avons fait devant vous une profession franche
« et complète de notre foi à la divinité des Saintes-
« Écritures. » A quoi d'Alembert répondit : « Monsieur,
« je ne me rappelle pas les discours qu'on a tenus de-
« vant moi; je serais au désespoir de vous compro-
« mettre : je n'ai point prévu que ce que j'écrivais dût
« faire tant de peine aux pasteurs de Genève. Mais
« comme, selon moi et selon Bossuet, dès qu'on n'ad-
« met pas l'autorité et la tradition de l'Eglise romaine,
« on est socinien, c'est ce que j'ai voulu dire, et je ne
« saurais empêcher que ce que j'ai écrit soit écrit. Du
« reste, j'ai prié M. Voltaire d'arranger toute cette af-

« faire avec M. Tronchin ; mais en vérité, on fait bien
« du bruit pour peu de chose. »

Maintenant voici comment le plénipotentiaire de
d'Alembert accommoda la difficulté ; il écrivit à M. Vernes : « Je n'ai point encore vu le nouveau tome de l'*En-*
« *cyclopédie*. M. d'Alembert me dit que vous vous plai-
« gnez de lui ; je sais seulement qu'il a voulu donner à
« votre ville des témoignages de son estime. Il dit que
« le clergé de France l'accuse de vous avoir trop loués,
« tandis que vous vous plaignez de n'avoir pas été loués
« comme il faut. Que vous êtes heureux dans votre pe-
« tit coin de monde de n'avoir que de pareilles plaintes
« à faire, tandis qu'on s'égorge ailleurs ! — Or çà,
« voyons : êtes-vous bien fâchés dans le fond du cœur
« qu'on dise dans l'*Encyclopédie* que vous pensez comme
« Origène et les deux mille prêtres qui protestèrent
« contre Athanase ? Vous voilà bien malades que quel-
« ques gros Hollandais vous traitent d'hétérodoxes ! Se-
« rez-vous bien lésés quand on vous reprochera d'être
« des infâmes, des monstres qui ne croient qu'en un
« seul Dieu plein de miséricorde ? — Allez ! vous n'ê-
« tes pas si fâchés ! Soyez comme Dorine qui aimait
« Lycas. Lycas s'en vanta. Dorine, qui en fut bien aise,
« dit :

> Lycas est peu discret
> D'avoir trahi mon secret.

« D'Alembert est Lycas, et vous autres vous êtes
« Dorine.»

La discussion en était restée là, lorsque parut le manifeste de la Compagnie, en février 1758. Voici les principaux passages de ce remarquable document : « La

« Compagnie a été surprise et affligée de voir que dans
« l'*Encyclopédie*, on donne une très-fausse idée de notre
« doctrine: on avance, contre toute vérité, que plu-
« sieurs pasteurs ne croient plus à la divinité de Jésus-
« Christ; que notre religion n'est qu'un socinianisme
« parfait. On s'efforce d'exténuer notre christianisme
« en disant que, parmi nous, la religion est presque
« réduite à l'adoration d'un seul Dieu, du moins chez
« presque tout ce qui n'est pas peuple, et que le res-
« pect pour Jésus-Christ et pour l'Ecriture sont peut-
« être la seule chose qui distingue du pur déisme ce
« christianisme de Genève. — De pareilles imputations
« sont d'autant plus dangereuses qu'elles se trouvent'
« dans un livre fort répandu, et qui d'ailleurs parle fa-
« vorablement de notre ville et de son Eglise. Or, contre
« ces assertions, nous protestons que notre grand prin-
« cipe, notre foi constante est de tenir la doctrine des
« saints prophètes et des apôtres, contenue dans les
« livres de l'Ancien et du Nouveau Testament, pour
« une doctrine divinement inspirée, seule règle infail-
« lible de notre foi et de nos mœurs. Pour nous, la vie
« éternelle est de connaître le seul vrai Dieu et Celui
« qu'il a envoyé, Jésus-Christ, son Fils, en qui a habité
« corporellement toute la plénitude de la divinité et
« qui nous a été donné pour Sauveur, pour Médiateur et
« pour Juge, afin que tous honorent le Fils comme ils
« honorent le Père. Par cette raison, le terme de *respect*
« *pour les Ecritures* nous paraissant trop faible ou trop
« équivoque pour « exprimer la nature de nos senti-
« ments à son égard, nous disons que *c'est avec une foi*
« *complète, une vénération religieuse, une soumission*
« *entière d'esprit et de cœur, qu'il faut écouter ce divin*

« *Maître et le Saint-Esprit parlant par les Ecritures.*
« *C est ainsi qu'au lieu de nous appuyer sur la sagesse*
« *humaine, si faible et si bornée, nous sommes fondés et*
« *enracinés sur la Parole de Dieu, seule capable de*
« *nous rendre véritablement sages à salut par la foi en*
« *Jésus-Christ.* »

Cette déclaration, traduite dans toutes les langues
européennes, fut envoyée à toutes les Eglises. Tous les
journaux du temps l'attendaient avec impatience et l'in-
sérèrent à l'envi ; elle fut lue et commentée dans tous les
lieux où l'*Encyclopédie* elle-même avait pénétré. Son
effet fut profond, universel ; des adresses arrivèrent de
toutes parts à la Compagnie, énonçant toutes, sous les
formes les plus diverses, ce vœu commun que la cita-
delle qui avait tenu ferme contre les papes et les souverains catholiques fût de nouveau le boulevard de la foi
chrétienne, en défendant cette foi contre les incrédules
la divinité des saintes Ecritures. Rousseau ne voulut pas
rester en arrière, et dans une nouvelle lettre à d'Alembert, il exprime sa joie de voir son premier jugement
ainsi confirmé.

La malice de Voltaire lui causa donc encore cette fois
un amer désappointement. Il avait cru déconsidérer le
clergé de Genève, en comptant sur son silence, dans
un temps où les croyances religieuses osaient à peine se
formuler d'une manière timide. Il se trouva tout au
contraire appeler l'attention de l'Europe sur l'Eglise de
Genève, pour la lui montrer tenant haut et ferme le dra-
peau de l'Evangile. Ce fut certes un beau jour pour les
pasteurs de Genève que celui où leur voix proclama dans
la presse, devant les cours, les académies et les Eglises,
ces grandes vérités religieuses qui étaient à la fois tout

le christianisme et le protestantisme tout entier, jour d'autant plus beau que grandes étaient alors les douleurs causées par les attaques incessantes de la philosophie matérialiste. Voltaire lui-même sentit combien toute son habileté avait porté à faux, car jamais il ne fit dans la suite la moindre allusion à cette affaire ; or, on sait s'il s'épargnait le souvenir de ces triomphes, grands et petits.

Du reste, une cause des plus intéressantes s'offrit bientôt à son esprit inquiet : ce fut celle de la tolérance et de la liberté de pensée, pour lesquelles il entreprit une lutte de plusieurs années qui, nous en sommes convaincus, lui procura plus de pures jouissances que tant d'autres victoires où sa vanité seule se trouvait intéressée.

IX

VOLTAIRE ET LA LIBERTÉ DE CONSCIENCE

Intolérance française en 1760. — Voltaire se décide à la combattre. — Affaire des Calas. — Procès de Sirven. — La Barre et d'Etallonde. — Le galérien protestant Chaumont. — Les oreilles du grand inquisiteur. — Le seigneur allemand et les Calas. — Le curé de Moëns rossant ses ouailles. — Les serfs du mont Jura. — Influence de Genève sur les efforts de Voltaire en faveur de la tolérance. — Jugement de Charles Bonnet touchant les travaux de Voltaire en faveur de la tolérance. — Motifs qui mirent Voltaire au service de cette cause.

La liberté de conscience, ou le droit pour chaque homme de choisir ses opinions religieuses et de les professer sans entraves, est un des principes dont l'admission a rencontré et rencontre encore les plus sérieuses difficultés dans la vie morale des nations. Cette indépendance, proscrite par les catholiques, fut considérablement restreinte, durant près de deux siècles, par les protestants eux-mêmes. Longtemps les Eglises réformées, infidèles à l'un des principes sur la base desquels elles s'étaient constituées, traitèrent elles-mêmes d'hérétiques les hommes qui n'admettaient pas tous les points des confessions de foi de Luther ou de Calvin, et cette grave erreur ne fut abandonnée que vers le commencement du XVIIe siècle. Ce fut encore Genève qui eut honneur de précéder le monde réformé dans cette noble voie, et son Eglise donna la première l'exemple d'une liberté complète sous le rapport religieux. Cette seconde émancipation de la conscience était un fait accompli dans notre ville depuis soixante-dix ans, lorsque Voltaire conçut le projet de faire goûter les idées de tolérance au peuple français.

La tâche était rude et périlleuse. En 1760, les hommes qui rejetaient l'autorité du pape étaient encore emprisonnés et confondus sur les galères du roi avec les voleurs et les assassins; leurs femmes étaient ensevelies dans des cachots infects, et leurs enfants, élevés par des moines, apprenaient, de par le roi, à maudire sur la croix de Jésus le souvenir et la religion de leur père et de leur mère. Les montagnes de France recélaient encore dans leurs déserts des populations désireuses de servir Dieu en esprit et en vérité, et les troupes royales faisaient feu sur ces rebelles comme sur les plus dangereux brigands de grands chemins; puis les hauts dignitaires de l'Eglise romaine louaient et bénissaient Dieu lorsqu'ils recevaient ces lugubres et sanglants rapports!

Si les réformés souffraient durement des abus du fanatisme, ils n'étaient cependant pas seuls à en gémir : sur divers points de la France les chanoines et les prieurs traitaient leurs ressortissants comme vassaux et serfs taillables et corvéables à merci; les emprisonnements et les confiscations s'opéraient sans enquête judiciaire, à la demande des seigneurs ecclésiastiques, et la voix des catholiques opprimés était aussi soigneusement étouffée que les plaintes des protestants eux-mêmes.

En vain quelques personnes, aussi hardies que généreuses, s'efforçaient de parvenir jusqu'aux oreilles du roi : nulle réclamation n'abordait le trône qu'après avoir passé par le confessionnal. Des mémoires retraçant ces iniquités étaient imprimés, mais ils demeuraient sans résultats, leurs auteurs n'ayant pas le talent qui fixe l'attention des foules, ou l'influence sociale qui force l'opinion publique à se prononcer. Dans les hautes sphères de l'intelligence on frappait de rudes coups sur la superstition et sur l'autorité romaine, mais le but était la démolition des croyances religieuses : la liberté de conscience, le droit de conserver sa foi et de la publier restaient inconnus sur la terre de France, et, il faut le dire, la plus dédaigneuse indifférence accueillait les faits qui transpiraient dans le public et les bruits lointains des persécutions religieuses ; le genre même de leur crime rendait les victimes odieuses au grand nombre, et ridicules aux yeux de ceux-là seuls que leurs opinions avancées eussent pu appeler à les défendre.

Tout d'un coup, en face de ce dédain matérialiste des philosophes, de ces juges qui punissent le délit de culte par l'exil, les galères et la potence, de ces parlements qui laissent passer la justice de Rome, de ces ministres d'Etat qui s'inclinent devant elle et de ce royal libertin qui échange des billets de galère contre des billets de confession, se lève un homme à la fois historien, philosophe, poëte et satirique, qui possède la réputation la plus étendue, le crédit littéraire le plus incontesté, qui correspond avec tous les souverains de l'Europe, que les papes tolèrent lors même qu'il foule aux pieds leur dogme et leur puissance, un homme dont tous les journaux, tous les salons, toutes les académies, tous les théâtres, tous les peuples se disputent les écrits, et à cet homme il monte au cœur de descendre dans la lice

et de prendre en main la cause de la liberté religieuse.
Cette résolution prise, il met au service de son œuvre
toute son immense influence, une persistance qui n'est
égalée que par son infatigable activité, et il ne s'arrête
que lorsqu'il a fait réprimer les excès du fanatisme par
les mêmes lois et par les mêmes tribunaux qui naguère
les sanctionnaient.

Voici l'événement qui amena Voltaire à se faire le
champion de la cause de la tolérance.

Un jour, c'était au mois d'avril 1762, un réfugié français, M. de Végobre (1), faisait une visite à Voltaire.
« Qu'y a-t-il de nouveau? — Du nouveau? Il arrive
« la plus horrible histoire que les fastes judiciaires
« puissent enregistrer ! — Quoi donc ? Racontez
« vite! — Il existe à Toulouse une famille de réfor-
« més, digne de considération et possédant une posi-
« tion honorable. Ils se nomment Calas. Un des fils
« s'est fait catholique, et le père, quoique sincèrement
« affligé de son changement de religion, lui a continué
« sa pension alimentaire. Le frère aîné mène une vie
« désordonnée : il hante les salles d'armes et les bil-
« lards, et se tient dans un état d'ivresse à peu près
« continuel, et comme il est criblé de dettes, son père
« refuse d'apaiser ses créanciers et de lui donner les
« moyens de continuer ses désordres. Dès lors une
« exaltation furieuse s'est emparée de ce jeune homme :
« il a lu des ouvrages qui font l'apologie du suicide,
« et un jour on a trouvé ce malheureux pendu à la tra-

(1) M. de Végobre fils, de qui nous tenons ces détails, a été durant toute sa vie le protecteur zélé de ses coreligionnaires français, et l'un des membres les plus respectables et les plus actifs
de l'Église de Genève.

« verse d'une porte. Aussitôt le bruit s'est répandu que
« son père l'avait pendu lui-même parce qu'il avait
« manifesté le désir de se faire catholique : son père !
« pauvre vieillard de soixante-neuf ans ! faible, infirme,
« fort incapable de soulever seulement le corps géant
« de son fils, dont la taille dépassait six pieds ! Pour
« corroborer cette accusation, la confrérie des péni-
« tents blancs a fait célébrer des messes pour le repos
« du défunt ; on a exposé une peinture qui le représente
« tenant d'une main la palme du martyre et de l'autre
« la plume qui devait signer son abjuration : on a fait
« courir le bruit que les réformés assassinent fréquem-
« ment en secret ceux de leurs enfants qui veulent
« passer au catholicisme. Bref, on a si bien fanatisé la
« population de Toulouse qu'elle a demandé à grands
« cris la mort du vieux Calas ; c'est un magistrat
« nommé David qui a conduit le procès, et malgré tou-
« tes les invraisemblances, les absurdités accumulées
« dans cette affaire, le malheureux a été déclaré coupa-
« ble, condamné au supplice de la roue et exécuté le
« 9 mars dernier ! Il est mort comme un martyr, pro-
« testant de son innocence et pardonnant à ses juges
« qui sans doute, disait-il, avaient été égarés par de
« faux témoins... Sa femme et ses filles étaient éga-
« lement accusées de ce meurtre : on a pourtant reculé
« devant l'idée de les mettre à mort ; on leur a rendu
« la liberté, et elles sont arrivées à Genève depuis trois
« jours. — Elles sont à Genève ! Que je les voie au
« plus tôt ! » s'écrie Voltaire qui pleurait à chaudes larmes et dont le corps frémissait à ce récit. M. de Végobre court chercher les dames Calas. Voltaire écoute le
récit détaillé de leurs infortunes, et, convaincu de l'in-

nocence de cette famille, il veut obtenir pour son chef une éclatante réhabilitation.

La tâche qu'il venait de prendre était lourde et dangereuse : il fallait combattre et réduire au silence une magistrature puissante, un clergé fanatisé, des préjugés les mieux enracinés peut-être entre tous. Mais les obstacles ne firent qu'exciter l'ardeur du philosophe. Il intéressa à cette cause le duc de Choiseul, ministre du roi ; il écrivit à tous les grands personnages sur lesquels il pouvait avoir quelque influence ; la duchesse d'Anville, arrière-petite-fille de Larochefoucault, étant venue à Genève consulter Tronchin, celui-ci, d'accord avec Voltaire, la gagna entièrement à la cause des Calas. Enfin la révision du procès commença : Voltaire se fit remettre les longs et diffus mémoires des avocats qu'il transforma en pages brèves, concluantes, étincelantes d'esprit et d'éloquence. Il remplit les journaux des détails de cette affaire, multiplia les brochures, tint en haleine l'opinion publique, écrivit à tous les souverains. Enfin, au printemps de 1766, après quatre années d'efforts et de travaux dont Ferney fut le centre et Voltaire le directeur, l'arrêt qui condamnait Calas fut cassé et son innocence reconnue ; l'accusateur David, accablé sous le poids de la réprobation universelle, perdit la raison ; le roi, cédant à l'entraînement général, accorda 36,000 livres à la veuve du martyr, et les Français reçurent de Voltaire une des plus hautes leçons de tolérance qui aient jamais frappé le cœur d'un peuple.

Une nouvelle occasion se présenta bientôt pour continuer le grand procès de la liberté humaine contre le fanatisme. Pendant que Voltaire était dans le premier feu de ses travaux au sujet des Calas, un de ces horribles drames, qui s'étaient joués par milliers durant les dragonnades sans que personne songeât à s'en formaliser, eut lieu dans une petite ville du Languedoc, et les Genevois n'eurent rien de plus pressé que de raconter le fait à Voltaire. Cela se passait en 1762 : une famille du nom de Sirven s'était vu arracher une jeune fille qui, disait-on, avait manifesté quelque penchant pour le catholicisme, et qu'une lettre de cachet avait livrée à des religieuses. Les sœurs, rencontrant une vive résistance chez leur catéchumène, la traitèrent avec tant de rigueur qu'elle s'enfuit du couvent, et dans sa fuite nocturne ayant heurté la margelle d'un puits, elle y tomba et se noya. Au bout de quelques jours on retrouva son corps : l'opinion publique, adroitement égarée comme à Toulouse, s'acharna sur la famille Sirven et accusa le père et la mère du meurtre de leur fille ! Ces infortunés, prévoyant leur arrestation, s'enfuirent au cœur de l'hiver : la femme mourut de fatigue et de froid dans les neiges du Jura. Sirven, arrivé à Genève, fut conduit à Voltaire, qui frémit à la vue des souffrances physiques et des tortures morales endurées par ce malheureux père. Il embrassa sa cause avec autant d'ardeur que celle des Calas, et bientôt il put voir que l'opinion publique avait déjà fait des progrès véritables. Dès qu'à Paris on apprit que Voltaire patronnait la cause d'un nouveau martyr protestant, des avocats du premier ordre s'offrirent pour le seconder. Avant que le procès s'engageât, il fallut que Sirven se constituât prisonnier à Toulouse. Voltaire, sûr de la majorité du Parlement, lui conseilla cette démarche dont le péril n'était plus qu'apparent, grâce à ses efforts ; et, en effet, ses amis l'emportèrent sur ses adversaires, et après neuf années de travaux, Sirven fut déclaré innocent : c'était une nouvelle leçon de liberté religieuse donnée autant à l'Europe qu'à la France, grâce aux brochures, aux incessantes correspondances de Voltaire.

Il peut paraître singulier, au premier abord, que nous parlions de *liberté religieuse et de liberté de conscience* à propos de choses que de notre temps on appellerait simplement impartialité judiciaire. Mais, à la honte de la civilisation française du XVIIIe siècle, cette impartialité judiciaire n'existait pas pour les réformés : c'était un véritable non-sens que de croire qu'il y eût réellement une justice faite pour autre chose que pour poursuivre et condamner des gens qui étaient *hors la loi* dans toute la force du terme. Ce fut donc véritablement une double conquête de la tolérance, une double victoire de la liberté de penser, remportée à grand'peine sous l'égide de Voltaire, que d'avoir pu obtenir *justice pour des protestants* et réhabilitation tardive pour des hérétiques.

Les deux affaires des Calas et des Sirven ne furent pas, du reste, les seules occasions dans lesquelles Voltaire lutta contre le fanatisme religieux. Peu après, un procès qui, sans lui, eût passé sans doute inaperçu comme tant d'autres analogues, jugés par l'inquisition, vint encore effrayer le monde civilisé, et ce fut Voltaire qui se chargea de mettre au ban de l'opinion publique les juges qui avaient fait trancher la tête du chevalier La Barre, dénoncé par un bourgeois d'Abbeville comme ayant profané, pendant la nuit, un crucifix de bois placé sur un pont. — En outre, un des coaccusés de La Barre, le jeune d'Etallonde, fut recueilli à Ferney. Vol

taire soigna son éducation et le fit nommer lieutenant
du génie par le roi de Prusse, qui se montra heureux
de participer à cet acte de réparation.

Il ne faut pas croire cependant que, malgré l'ardeur
qu'il y mettait, Voltaire fût si fortement absorbé par
ces hautes questions judiciaires et ces vastes procé-
dures que, durant leur cours, son esprit satirique dor-
mît le moins du monde. Son instinct malicieux perçait
encore à tout propos et donnait une couleur excentri-
que aux faits les plus intéressants. Ainsi les amis de Genève lui avaient recommandé un de leurs compatriotes
nommé Chaumont, qui depuis vingt ans était aux galères pour cause de protestantisme. Par l'entremise
de M. de Choiseul, Voltaire obtint la délivrance de ce
malheureux, et voici comment M. Peyronet, pasteur de
Dardagny, raconte à Paul Rabaut la visite de remercî-
ment faite par Chaumont à son libérateur : « Il y a trois
« jours je conduisis mon petit prisonnier à Ferney.
« Nous parlâmes longtemps de la justice et de la néces-
« sité de la tolérance ; enfin je dis à M. de Voltaire que
« je lui avais amené un petit homme qui venait se je-
« ter à ses pieds pour le remercier de ce que, par son
« intercession, il avait été délivré des galères. — C'est
« Chaumont, que j'ai laissé dans votre antichambre, et
« je vous prie de me permettre de le faire entrer. —
« Au nom de Chaumont, M. de Voltaire me témoigne
« un transport de joie et sonne tout de suite pour qu'on
« l'introduise. Jamais scène ne me parut plus bouffonne
« et plus réjouissante. — « Quoi, lui dit-il, mon pau-
« vre petit bout d'homme, on vous avait mis aux galères?
« Que voulait-on faire de vous? Quelle conscience de
« mettre à la chaîne un petit être qui n'avait commis

« d'autre crime que de prier Dieu en mauvais français ! »
— Puis, changeant de ton, Voltaire se tourna vers
« moi et s'exprima de la manière la plus violente con-
« tre la persécution. Il fit venir dans sa chambre plu-
« sieurs personnes qu'il avait chez lui pour qu'on parti-
« cipât à la joie qu'il ressentait en voyant le petit Chau-
« mont : celui-ci, quoique proprement vêtu selon son
« état, était tout stupéfait de se voir si bien fêté. Quel-
« ques piastres que Voltaire lui glissa dans la poche,
« achevèrent de le rendre le plus heureux des hommes. »

Le pape Clément XIV, dont l'esprit élevé et le cœur
profondément chrétien détestaient le fanatisme, avait
approuvé ces grandes œuvres de Voltaire, et celui-ci,
connaissant les opinions du pontife, pensa qu'il accep-
terait volontiers une bonne plaisanterie. Il profita, dans
ce but, de la présence d'un seigneur irlandais qui visitait Ferney en se rendant à Rome. — « N'avez-vous point
« de commissions pour le saint-père, Monsieur de Vol-
« taire ? Je m'en chargerais volontiers. » — « Oui, Mi-
« lord, remettez-lui ceci... » Et, profitant de ce que
l'étranger ne savait pas un mot de français, il lui
confia un carton sur lequel il avait écrit : « Sa Sainteté
« est priée d'envoyer au philosophe de Ferney les oreil-
« les du grand inquisiteur dans un papier de musique. »
L'Anglais s'acquitta scrupuleusement de sa commission
dans la première audience qu'il obtint du pape. Clément XIV sourit et écrivit au revers de la feuille : « Sa
« Sainteté est bien fâchée de ne pouvoir exécuter votre
« commission, mais sous le pontificat actuel, le grand
« inquisiteur n'a ni yeux ni oreilles. »

Comme nous l'avons dit plus haut, l'affaire des Calas
fut, pendant plusieurs années, la plus constante préoc-

cupation de Voltaire ; il ne souffrait aucune contradiction sur ce sujet, et un visiteur en fut un jour la vic-
time. C'était un gros seigneur allemand qui, sorti des
solitudes d'une lointaine résidence, connaissait fort peu
les événements du jour ; il est introduit dans le salon
de Ferney, et, immédiatement après les premières ré-
vérences : « Monsieur, lui dit Voltaire, que pensez-
« vous du pauvre Calas qui a été roué ? — Il a été
« roué ?... Ah ! il faut que ce soit un grand coquin !... »
— Voltaire se précipite sur la sonnette. — « Le carrosse
« de Monsieur est-il dans la cour ? — Oui, Monsieur. —
« Qu'on attelle à l'instant ses chevaux et qu'il parte
« vite ! » Le pauvre Allemand s'en alla sans pouvoir
s'expliquer cette boutade. Lorsqu'il la raconta à Genève, on lui fit comprendre le sujet de l'indignation de
Voltaire, et il déclara qu'il avait pris Calas pour quelque brigand des environs que le seigneur de Ferney
avait fait rouer à bonne fin.

Si Voltaire prit chaudement la défense du faible op-
primé contre le puissant oppresseur, ce ne fut pas seulement en faveur des protestants. Il sut aussi protéger sérieusement les habitants du pays de Gex et du mont Jura,
ses voisins, contre la tyrannie des prêtres et des abbés.
Dans ces circonstances, sa verve railleuse se donna
largement carrière, et des faits peu importants prenaient sous sa plume une effrayante publicité. — Ainsi
deux jeunes hommes de Moëns, village situé près de
Ferney, soupaient un soir bruyamment dans une maison du hameau : cela déplut au curé ; mais, au lieu de
faire une remontrance paternelle à ces étourdis, il
crut trouver des arguments plus solides en soudoyant
des paysans, qui guettèrent, par son ordre, le départ

des inculpés et les accablèrent de coups de bâton ; l'un d'eux demeura longtemps sans connaissance. Le père va sur-le-champ confier ce fait à Voltaire, qui dicte rapidement quelques phrases à son secrétaire ; puis, remettant la feuille de papier au paysan : « A merveille, « mon ami ! tenez, voici une plainte toute rédigée « contre votre curé ; signez-moi cela, et nous le ferons « aller loin ! — Moi, Monseigneur ! signer cette plainte « contre mon curé !... mais demain je serais assommé « à mon tour. — Tant mieux, mon ami, tant mieux ! Si « cela arrive, son affaire n'en sera que plus mauvaise ! « — Permettez, Monseigneur, il y a déjà assez d'os « cassés sans y joindre encore les miens. » — Voltaire dut se passer de la signature du prudent plaignant, mais il n'en réussit pas moins à faire punir le curé de Moëns, et il égaya sa correspondance des détails de cette anecdote.

La lutte ne resta pas dans le domaine des faits isolés, et bientôt elle prit un caractère plus élevé : les habitants du mont Jura furent l'occasion d'un des plus éloquents et des plus irréprochables écrits de Voltaire. En 1770, les habitants de quelques communes du Jura étaient serfs ou esclaves, comme on voudra, des moines de l'abbaye de Saint-Claude ; ces malheureux, opprimés de diverses manières, s'adressèrent au philosophe de Ferney, qui prit aussitôt la plume en leur faveur. Il va sans dire qu'à l'aide de ce puissant auxiliaire ils gagnèrent haut la main contre les moines leur procès, dans les détails duquel nous ne pouvons entrer ici.

Nous venons de présenter, bien que d'une manière rendue nécessairement fort incomplète par le cadre restreint que nous avons adopté, les grands travaux

7.

entrepris et exécutés par Voltaire en faveur de la tolérance. Peut-être nous reprochera-t-on d'avoir trop exalté ces efforts, sans assez pénétrer les principes mondains qui peuvent l'avoir dirigé, comme le désir d'occuper l'Europe du bruit de sa générosité et de l'étonner par le spectacle de son influence, comme le besoin de se mêler de tout et de primer partout, comme enfin sa passion insatiable de louanges.

Charles Bonnet, qui se montra l'un des plus rudes adversaires de Voltaire, Charles Bonnet, qui ne lui pardonna jamais ses railleries contre le christianisme, met les efforts de Voltaire sur le terrain qui nous occupe, complétement à part de la généralité de ses actes, et n'étend pas à ceux-là la sévérité d'appréciation qui lui est ordinaire ; les lignes suivantes en font foi : elles ont été écrites au grand Haller, et portent la date du 9 avril 1765 (*Lettres de Bonnet*, n° 97)... « Vol- « taire a fait un livre sur la tolérance qu'on dit bon ; il « ne le publiera qu'après que l'affaire des malheureux « Calas aura été décidée par le conseil du roi. Le zèle « de Voltaire pour ces infortunés peut couvrir une mul- « titude d'écarts ; ce zèle ne se ralentit point , et s'ils « obtiennent satisfaction, ce sera principalement à ce « protecteur qu'ils le devront. Il reçoit bien des ap- « plaudissements pour cette affaire, et il les mérite « pleinement. »

A ces paroles du philosophe chrétien de Genève, qu'il nous soit permis d'ajouter que, si nous étions dans un monde où les belles actions fussent en grande majorité dépouillées de tout motif d'intérêt humain, de tout désir de gloire, de toute tendance secrète, dissimulée avec soin au dehors, il serait naturel de sonder rigoureusement l'œuvre de Voltaire et de chercher à en juger la cause première. Mais comme tel n'est pas le cas, et qu'il n'y a que trop lieu d'appliquer aux actions pures de toute influence intéressée le fameux *rara avis in terris*, nous dirons avec saint Paul : « Chacun apporte (à « l'édifice) ses matériaux d'or, d'argent, de bois ou de « chaume. » A Dieu seul appartient de faire le grand triage des intentions et des motifs.

X

VOLTAIRE ET M. MOULTOU

Influence des Genevois sur Voltaire au sujet de ses travaux en faveur de la tolérance. — Relations de M. Moultou avec Rousseau. — Correspondance avec Voltaire au sujet des Calas. —
Correspondance au sujet des Sirven. — Lettre de M. Moultou
au père du condamné La Barre. — Relations entre Moultou et
son parent Ripert de Montclar, rapporteur touchant l'expulsion
des jésuites de France. — Révélations touchant la mort de
M. de Montclar et ses prétendus remords de la condamnation
des jésuites. — Lettres de Voltaire à Moultou sur les protestants du Désert. — Travaux des Genevois pour obtenir la liberté
des protestants français. — Jacob Vernet et Malesherbes.

Il y a quelques années, lorsqu'on publia les ouvrages
de Dumont, plusieurs Français se refusèrent à admettre
que le publiciste genevois eût corrigé souvent les discours prononcés à la tribune par Mirabeau, son intime
ami. Je pense qu'une incrédulité analogue accueillera
la thèse que je vais développer, à savoir que les Genevois, amis de Voltaire, eurent une très-notable influence
sur ses efforts en faveur de la tolérance religieuse :
cette prétention peut paraître, en effet, ambitieuse ou
du moins fort nouvelle.

Il était difficile néanmoins de croire que Genève fût
demeurée complétement étrangère à cette grande œuvre entreprise à ses portes, et qui est le couronnement
des sacrifices sans nombre que depuis quatre-vingts ans

notre ville accomplissait silencieusement pour soutenir et consoler les protestants persécutés. Isoler Genève du travail de Voltaire en faveur de la liberté de conscience serait même peu logique : un homme, si grand que soit son génie, peut-il échapper à toute influence exercée par le milieu dans lequel il passe ses jours? Voltaire, vivant dans la société matérialiste de Paris ou de Berlin, eût sans doute continué ses pamphlets moqueurs contre le fanatisme de Rome; mais aurait-il joint l'action à la parole?... Aurait-il pris la défense des Calas, des Sirven, des galériens protestants? Au milieu des fêtes scandaleuses de ces cours, la nouvelle des supplices infligés aux réformés français serait-elle seulement parvenue à ses oreilles? Aurait-il rencontré ces Genevois, fils de réfugiés ou réfugiés eux-mêmes, qui surent faire vibrer les cordes les plus sympathiques de son âme? Voltaire, si impressionnable, ne fut-il pas ému d'entendre répéter ces détails des misères éprouvées par les fugitifs de la révocation? Les papiers de famille contenant ces horreurs que les enfants des martyrs lui communiquaient, n'enflammèrent-ils pas son courage et sa persévérance? Et quoi de plus naturel que le projet de délivrer l'Europe du fléau des persécutions religieuses fût conçu sur le seuil même de la grande hôtellerie où se réfugiaient, depuis un siècle, les victimes de toutes les persécutions (1)?

Mais nous avons plus sur ce sujet que de simples in-

(1) Cette idée est admise par un historien français, M. Mary-Lafon (*Histoire de la France méridionale*), qui, partisan de la culpabilité de Calas, exhale sa mauvaise humeur « contre ces Genevois sans lesquels Voltaire n'aurait jamais songé à prendre la défense du *roué de Toulouse*. »

ductions : nous avons des faits. La *Correspondance gé-nérale* contient déjà les lettres à M. Vernes, pasteur ge-nevois, lettres dans lesquelles Voltaire lui fait confidence de ses travaux et de ses efforts en faveur des Calas. Nous avons aujourd'hui sous les yeux une collection toute nouvelle de documents précieux à cet égard : ce sont les lettres de Voltaire au ministre Moultou, lettres entièrement inédites et que nous sommes heureux d'of-frir à nos lecteurs, car cette correspondance est aussi honorable pour le philosophe français qui l'écrit que pour l'ecclésiastique genevois qui la reçoit.

Deux mots d'abord au sujet de Moultou. Il était fils de réfugié ; dans sa jeunesse il voyagea longtemps, et ses facultés distinguées lui valurent un favorable accueil de la part des hommes marquants de l'époque avec les-quels il eut occasion de se rencontrer. Voltaire, avec qui il entra en relations, charmé de son esprit, lui voua une amitié qui ne s'est jamais démentie, malgré les principes chrétiens que Moultou professait et plaçait au-dessus de toute chose. Les hommes familiers avec les œuvres de Rousseau contesteront probablement cette assertion ; en effet, une lettre de Rousseau (14 fé-vrier 1769. *Corresp.*, t. III. Edit. Deterville) contient ces mots : « J'ai vu, mon ami, que le torrent de la mode « vous gagne et que vous commencez à vaciller dans « des sentiments où je vous croyais inébranlable, etc. » Un ministre genevois qui vacille dans la croyance à la vie à venir ! Il faut avouer que ce passage semble bien fait au premier coup d'œil pour jeter quelque doute sur le caractère religieux de l'homme auquel il est adressé : or, on ne peut avoir la clef de cette lettre de Rousseau qu'en consultant, comme je l'ai fait, les héritiers de

Moultou. Voici ce qui l'explique. Un jour on discutait devant Moultou sur les convictions religieuses de son malheureux ami : « Rousseau, disait-on, Rousseau n'a « que des doutes dans le cœur ; il est heureux de ces « doutes : il jouit lorsqu'il peut par ses sophismes ar- « racher la foi des âmes dans lesquelles elle règne en « core. » — « Et moi j'affirme, répondait Moultou, que « vous êtes dans l'erreur. Rousseau, s'il ne peut ad- « mettre complétement la base miraculeuse des Evan- « giles, croit à la nécessité, à la vérité des dogmes « chrétiens, aux effets de la mission de Jésus-Christ « touchant la vie à venir, à la compensation des dou- « leurs de ce monde dans l'existence céleste et la rétri- « bution des justes et des injustes, et je me fais fort de « le lui faire écrire. » — « Nous serions fort curieux de « lire cette profession de foi, » s'écrièrent les assis- tants. Là-dessus Moultou demande un secret qui, il faut le dire, a été parfaitement gardé, et entame avec Rousseau une correspondance dans laquelle il feint d'ê- tre ébranlé dans ses convictions chrétiennes. Bientôt Moultou put montrer aux sceptiques de tout à l'heure cette admirable page de Rousseau, cette démonstration de l'existence de Dieu et de la vie à venir, la plus belle et la plus simple peut-être que fournissent les monu- ments de la langue française : « Voulez-vous rejeter « l'intelligence universelle?... les causes finales vous « crèvent les yeux. Voulez-vous étouffer l'instinct mo- « ral? la voix interne s'élève dans votre cœur, y fou- « droie les petits arguments à la mode et vous crie « qu'il n'est pas vrai que l'honnête homme et le scélé- « rat, le vice et la vertu, ne soient rien ; car vous « êtes trop bon raisonneur pour ne pas voir à l'ins-

« tant, qu'en rejetant la Cause Première on ôte
« toute moralité de la vie humaine. Eh! quoi, mon
« Dieu! le juste infortuné en proie à tous les maux de
« cette vie, sans même en excepter l'opprobre et le
« déshonneur, n'aurait nul dédommagement à attendre
« après elle, et mourrait en bête après avoir vécu en
« Dieu? Non, non, Moultou, Jésus, que ce siècle a mé-
« connu, parce qu'il est indigne de le connaître, Jésus,
« qui mourut pour avoir voulu faire un peuple illustre
« et vertueux de ses vils compatriotes, Jésus ne mou-
« rut point *tout entier* sur la croix, et moi, qui ne suis
« qu'un chétif homme, plein de faiblesse, c'en est assez
« pour qu'en sentant approcher la dissolution de mon
« corps, je sente en même temps la certitude de vivre. »

Les relations de Moultou avec Voltaire furent des
plus sérieuses. Voltaire savait que Moultou ne pouvait
supporter la raillerie touchant le christianisme ; aussi
retenait-il volontiers sa verve ironique en lui écrivant.
Du reste, leur correspondance ne paraît être devenue
active et suivie qu'à l'occasion de l'affaire des Calas.
Après la visite à Ferney de M. de Végobre, dont nous
avons parlé précédemment, Voltaire fit mander M. Moultou et le pria de lui donner quelques directions touchant
les meilleurs moyens à employer : Moultou se chargea
de lui remettre l'attirail historique et les pièces de ju-
risprudence nécessaires à la composition des mémoires
en faveur de la tolérance. Voltaire paraissait un peu
effrayé du poids et de la responsabilité de cette entreprise ; Moultou, avec M. et Mme de la Rive, qu'il
affectionnait beaucoup, l'encouragèrent de toutes leurs
forces : « C'est une œuvre à vous, M. de Voltaire, lui
« dirent-ils ; joignez le fait à la parole, la gloire du

« bienfaiteur de l'humanité à la gloire de l'écrivain...
« Votre nom sera plus grand par la destruction du fa-
« natisme que par la production des plus beaux chefs-
« d'œuvre de poésie. » Voltaire serra les mains de ses
amis, et l'événement lui prouva que, pour cet autre le-
vier d'Archimède qu'il avait en main, son immense
influence littéraire, il pouvait trouver un point d'appui
dans l'opinion publique.

Voici la première lettre de Voltaire à Moultou (1),
écrite par le philosophe après la rédaction d'un mémoire en faveur des Calas, en mai 1762. Il consulte son
ami dans les termes suivants : « Voilà à peu près,
« Monsieur, comment je voudrais finir le petit ouvrage
« en question ; ensuite j'en enverrais des exemplaires
« aux ministres d'Etat sur la protection et la prudence
« de qui je puis compter, à Mme la marquise de
« Pompadour et à quelques amis discrets qui pensent
« comme vous et moi ; j'accompagnerais l'envoi d'une
« lettre circulaire par laquelle je les supplierais de ne
« laisser lire l'ouvrage qu'à des personnes sages, et
« d'empêcher que leur exemplaire ne tombât entre les
« mains d'un libraire. J'en enverrais un au roi de Prusse
« et à quelques princes d'Allemagne, et je les supplierais
« de se joindre à ceux qui ont déjà secouru la famille
« Calas, plongée dans l'indigence par l'arrêt injuste et
« barbare du Parlement de Toulouse. Le reste demeu-
« rerait enfermé sous la clef en attendant le moment
« favorable de le rendre public. — Voyez, Monsieur,

(1) Cette correspondance est malheureusement incomplète : un
grand nombre des lettres de Voltaire à Moultou ont été perdues
durant les bouleversements que la révolution de 1793 occasionna
dans plusieurs familles genevoises.

« si le plan est de votre goût, et ce qu'on doit ajouter
« ou retrancher à la feuille que j'ai l'honneur de vous
« soumettre. »

Après cette lettre, où Voltaire déploie toute la prudence et la diplomatie du dévouement en faveur de ses
protégés, nous trouvons plusieurs pages écrites vers le
moment où l'affaire des Calas était portée devant le conseil du roi, qui devait décider si le procès serait ou non
revisé ; elles sont empreintes en plusieurs endroits de
l'agitation que l'attente causait à Voltaire.

(5 janvier 1763.) « L'aventure des Calas peut servir
« à relâcher beaucoup les chaînes de vos frères qui
« prient Dieu en mauvais vers. Je suis convaincu d'ail-
« leurs que, si l'on a quelque protection à la cour, on
« verra clairement que des ignorants qui portent une
« étole ne gagnent rien à faire pendre des savants à
« manteau noir, ce qui est le comble de l'absurdité
« comme de l'horreur.

« Je vous supplie de vouloir bien envoyer chez
« MM. Séchehaie et Le Fort le commentaire de Bayle
« sur le *Contrains-les d'entrer* et la lettre de l'évêque
« d'Agen par laquelle cet *animal* veut vous contrain-
« dre d'entrer.

« On m'a mandé de Toulouse qu'un jeune homme qui
« allait prier tous les jours à l'église de Saint-Etienne,
« sur le tombeau du saint martyr Marc-Antoine Calas
« (celui qui s'était pendu), est devenu fou pour n'avoir
« pas obtenu de lui le miracle qu'il lui demandait, et ce
« miracle... c'était de l'argent.

« On ne peut rien ajouter, Monsieur, ni à ma com-
« passion pour les fanatiques, ni à ma sincère estime
« pour vous. »

(9 janvier 1763.) « Voici un mémoire qu'on envoie ;
« il avait été fait à Toulouse il y a très-longtemps ; je
« suis fâché que les avocats de Paris ne l'aient pas
« connu : il y a des choses bien essentielles dont ils
« auraient fait usage. Votre indignation et votre pitié
« redoubleront, s'il se peut, à la lecture de ce mémoire.
« On est tenté de se faire débaptiser quand on lit la
« Saint-Barthélemy, les massacres d'Irlande et l'his-
« toire des Calas ; on aurait du moins grande raison de
« se décatholiciser. — Je vous supplie, Monsieur, de
« vouloir bien envoyer le mémoire à M. de Brus, quand
« vous l'aurez lu.

« Vous savez que l'affaire ne sera rapportée que le
« huit février. Je ne dormirai point la nuit du 7 au 8.
« Mon Dieu ! que d'abominations ! Je prends la liberté
« de vous embrasser de tout mon cœur. »

Pendant qu'on délibère à Paris, Voltaire prépare
toutes les armes nécessaires pour faire pencher la victoire de son côté, et cet écrivain, si léger à l'ordinaire
dans ses productions, cet auteur dont la plume facile en-
tasse les pages à heure fixe, multiplie cette fois les soins
et les travaux, et laisse de côté tout amour-propre
de poëte, afin de donner la plus grande valeur possible à ses plaidoyers pour la liberté religieuse. C'est
sous cette impression qu'il écrit encore à Moultou :

(26 février 1763.) « Je suis en peine d'Olympie et de
« la tolérance ; je trouve qu'il y a beaucoup à faire au
« premier ouvrage et que le second est bien délicat ; je
« vous soumets l'esquisse d'un nouveau chapitre ; il
« ne tient qu'à vous qu'il soit meilleur.

« N'auriez-vous point de livres sur ce sujet ? Mais
« quelques lignes de votre main vaudraient mieux que

« tous les livres. Je suis sûr que le contrôleur général,
« M. le duc de Praslin, M. le duc de Choiseul ont de très-
« bonnes intentions ; il faut assurément en profiter; ne
« pourriez-vous point quelque jour en venir causer
« avec moi ? Votre jeunesse est faite pour éclairer tous
« les âges. »

Enfin le rapport sur les Calas est terminé; le préavis du
conseil du roi est favorable à la révision, et il est dé-
cidé que cette révision sera faite par le Parlement de
Toulouse. Voici le chant de triomphe que laisse échapper Voltaire :

(Samedi 12 févrïer 1763.) « C'était un bien vilain jour
« pour moi, Monsieur, que celui où j'étais à Ferney
« quand vous me faisiez l'honneur de venir aux Délices ;
« mais c'est un bien beau jour, malgré la bise ou la
« neige, que celui où nous apprenons l'arrêt du conseil
« et la manière dont le roi a daigné se déclarer contre
« les décrets fanatiques qui voulaient qu'on abandon-
« nât les Calas. Nous devons beaucoup à M. le duc de
« Choiseul et à M. le duc de Praslin. Le règne de l'hu-
« manité s'annonce : ce qui augmente ma joie et mes
« espérances, c'est l'attendrissement universel dans la
« galerie de Versailles ; voilà bien une occasion où la
« voix du peuple est la voix de Dieu ! Je parie que vous
« avez pleuré de joie en apprenant cet heureux succès ;
« je vous demande pardon de vous avoir fait lire mes
« esquisses informes, mais je crois vous devoir des pré-
« mices comme un tribut que mon cœur et mon esprit
« payent au vôtre. »

Nous n'avons retrouvé qu'une lettre qui appartînt à
l'époque où la révision du procès s'opérait à Toulouse ;
c'est la seule qui ait probablement échappé au pillage

révolutionnaire de Genève, et son contenu fait vivement regretter la perte des autres, car, sans nul doute,
elle n'a pas dû être isolée ; la voici :

(2 mars 1764.) « Mon très-cher et très-aimable prê-
« tre, vous avez très-grande raison de vouloir qu'on
« fasse sentir que la mauvaise métaphysique, jointe à la
« superstition, ne sert qu'à faire des athées. Les demi-
« philosophes disent : *Saint Thomas est un sot, Bos-*
« *suet est de mauvaise foi, donc il n'y a point de Dieu.*
« — Il faut dire au contraire : *donc il y a un Dieu qui*
« *nous apprendra un jour ce que Thomas d'Aquin ne*
« *savait point et ce que Bossuet ne disait pas.* Je me
« suis fort étendu sur cette idée dans un chapitre pré-
« cédent. — L'affaire des Calas prend le meilleur train
« qu'il soit possible ; je me flatte toujours qu'on tirera
« un très-grand parti de cette horrible aventure. Je finis
« en vous embrassant avec le plus tendre respect. »

L'affaire des Sirven occasionna entre Voltaire et Moultou une correspondance aussi active que celle des Calas.
— Lorsque, en 1762, Sirven atteignit Genève, le cœur
brisé par la fin tragique de sa fille et la mort récente
de sa femme, il se rendit chez M. Moultou, son compatriote. Celui-ci le présenta à Voltaire, et l'entrevue
ne fut pas moins touchante que celle qui avait eu lieu
précédemment entre le philosophe et Mᵐᵉ Calas. Moultou estime que la résolution prise alors par Voltaire de
faire rendre justice à ce malheureux père fut peut-être
plus méritoire que la défense des Calas, puisqu'il savait
cette fois, par expérience, toutes les fatigues attachées
à une œuvre de ce genre. S'il avait travaillé uniquement
pour la gloire d'un succès, ses premiers travaux étaient
suffisants, il pouvait craindre même d'en compromettre

8.

l'éclat par un échec subi dans la seconde lutte qui s'offrait à lui. Heureusement Voltaire n'était pas mû par ces seuls sentiments ; il ne recula pas devant des considérations égoïstes, et sans tenir compte des obstacles, il poursuivit avec un véritable acharnement la justification de Sirven. La longueur du procès ne ralentit point son dévouement, ainsi qu'on en peut juger par les fragments de lettres qui vont suivre.

(23 décembre 1767, Ferney.) « Mon cher philosophe « (Moultou), l'affaire des Sirven devient d'une impor- « tance extrême ; le rapporteur me demande un écrit « imprimé depuis quelques mois à Toulouse, dans le- « quel on justifie l'assassinat juridique des Calas ; les « maîtres des requêtes, qui ont déclaré unanimement « la famille innocente, y sont très-maltraités; leur tri- « bunal y est déclaré incompétent et leur jugement in- « juste. J'ai malheureusement perdu cet écrit précieux, « qui doit être une pièce produite au procès; je ne me « souviens plus du titre ; il me semble que c'était une « lettre adressée à un correspondant imaginaire, comme « celle de Vernet. Je vous demande en grâce d'écrire sur- « le-champ à vos amis du Languedoc qu'il faut qu'ils « déterrent cette lettre et qu'ils l'envoient en droiture à « M. de Chardon, maître des requêtes, sous l'enveloppe « de M. le duc de Choiseul. Cela est de la dernière im- « portance, il n'y a point de peine qu'on ne doive pren- « dre pour recouvrer cet ouvrage : c'est un prélimi- « naire nécessaire pour casser le dernier arrêt de Tou- « louse qui révolte tout le monde.

« Je me porte fort mal, mais je mourrais content « avec l'espérance de voir la tolérance établie ; l'in- « tolérance déshonore trop la nature humaine ; nous

« avons été trop longtemps au-dessous des Juifs et des
« Hottentots. Je vous embrasse bien tendrement, mon
« cher philosophe. Vous devriez bien venir quelque
« jour coucher chez nous, nous causerions. »

Du reste, les incidents désagréables ne manquaient
pas autour de Voltaire, qui vit plus d'une fois ses efforts
compromis, aussi bien par ses partisans que par ses adversaires. Quelques jours après la lettre que nous venons de citer, le 29 décembre il écrivait : « Eh bien !
« le diable qui se mêle de toutes les affaires de ce
« monde, et qui détruit toutes les bonnes œuvres, ne
« vient-il pas d'arrêter tout net M. de Chardon lors-
« qu'il allait rapporter l'affaire des Sirven ? Le Parle-
« ment ne lui fait-il pas une espèce de procès criminel
« pour avoir rapporté devant le roi l'affaire de Cayenne ?
« Le roi est, à la vérité, indigné contre le Parlement,
« mais le procès des Sirven n'en est pas moins retardé.
« Je vais animer M. de Chardon, il est un de nos
« philosophes, et l'on verra à la fin que la philosophie
« est bonne à quelque chose. — La facétie de la Sor-
« bonne (1) contre *Bélisaire* paraît enfin; elle ressemble
« aux pièces nouvelles de cet hiver : elle est sifflée,
« mais le nonce la dénonce à Rome comme scandaleuse,
« et cette dénonciation dudit nonce est encore sifflée ;
« la condamnation de Rome le sera aussi, et de rire.
« — Je ne ris pas sur les Sirven ; je suis surtout très-
« sérieux quand je vous renouvelle mon tendre et in-
« violable attachement. »

Voltaire, qui agissait avec un tact égal à son zèle et qui

(1) Le *Bélisaire* de Marmontel avait été mis à l'interdit par la
Sorbonne.

dictait à ses amis genevois toute la prudence possible
dans leurs démarches, était sur le brasier à la seule
idée d'une publication qui pût irriter les parlements dans
ce moment délicat. Or, un protestant célèbre, Court
de Gebelin, fit justement alors imprimer à Lausanne
ses *Lettres toulousaines,* où il écrase le fanatisme mé-
ridional sous la plus généreuse indignation. L'œuvre
était juste et vraie, mais inopportune au plus haut de-
gré ; c'était faire feu avant l'ordre, et Voltaire fut outré
de cette imprudence : « Vous partagez, mon cher Moul-
« tou, mes craintes et ma douleur ; les *Lettres toulou-*
« *saines* s'étendent beaucoup sur l'affaire de Sirven et
« de sa fille : voilà ce qui nous perdra. — L'affaire de
« Sirven n'a point été jugée. — Le Parlement de
« Toulouse joindra ces deux affaires ensemble et jus-
« tifiera l'une par l'autre : il soutiendra que les pro-
« testants sont en possession d'assassiner leurs fils et
« leurs filles quand ils veulent changer de religion;
« ils feront voir, en trois mois de temps, deux pères de
« famille accusés par la voix publique de ce crime
« épouvantable ; ils diront qu'ils ont cru absolument
« nécessaire de faire un exemple. J'avais recommandé à
« nos trois avocats de ne jamais parler de l'affaire
« des Sirven : ils ont tenu parole. — Vous écrivez
« sans doute à Lausanne et à Vevey. Si vous pouvez
« obtenir que l'auteur supprime le débit du livre jus-
« qu'à la fin du procès, nous sommes sauvés ; sinon
« tout est perdu. L'auteur ne risque rien en différant ;
« il détruit tout notre ouvrage en se pressant. Qu'il
« attende la fin de notre procès, il aura de quoi faire
« un second volume intéressant : je lui fournirai plu-
« sieurs pièces et plusieurs anecdotes. J'espère beau-

« coup du pouvoir que votre aimable éloquence doit
« avoir sur tous les esprits. »

Voltaire avait raison dans cette confiance, car Court
de Gebelin attendit.

Lorsqu'enfin ses efforts sont couronnés de succès,
comme dans l'affaire Calas, c'est encore M. Moultou
qui reçoit le premier l'épanchement de la joie du philosophe (3 février 1768) : « Mon cher Moultou ! Enfin,
« après cinq ans de peines et de soins incroyables, la
« requête des Sirven fut admise au conseil samedi 23
« janvier, après un débat assez long, et le procès doit
« avoir été rapporté vendredi dernier, 29, devant le roi.
« Il n'est plus douteux que cette famille ne soit réta-
« blie dans son honneur et dans ses biens, et que l'ar-
« rêt infâme qui la condamnait à mort ne soit cassé
« comme celui des Calas. — Vous le voyez, mon cher
« philosophe, il ne faut désespérer de rien ; mandez
« cette nouvelle à vos amis du Languedoc. Mais quand
« le pauvre vieillard aura-t-il la consolation de vous
« revoir? »

Des mois s'écoulèrent en effet dans les lenteurs judiciaires, et ce fut seulement le 17 novembre de l'année suivante que Voltaire put mander à son actif colla-
borateur, alors dans le Midi : « Si vous ne savez rien
« des Sirven, je vous envoie la *Gazette de Berne* : vous
« y verrez que, le 17 septembre 1769, Sirven a été
« élargi avec mainlevée de son bien; il en appelle au
« Parlement pour avoir des dédommagements. »

Enfin les affaires pécuniaires de cette malheureuse famille sont réglées, et, le 6 décembre 1771, Voltaire
écrit à Moultou : « Mon cher philosophe, vous m'avez
« cruellement abandonné ; vous ne venez plus coucher

« dans mon ermitage ; il faut pourtant que je vous
« dise que le nouveau Parlement de votre Languedoc
« vient de rendre une justice pleine et complète à Sir-
« ven : il lui accorde des dépens considérables et la
« restitution de ses revenus, malgré l'ancien usage.
« Nous allons prendre les premiers juges à partie, au
« nom des filles de Sirven. C'est M. le premier prési-
« dent qui a la bonté de me mander ces nouvelles. Sou-
« venez-vous qu'il n'a fallu que deux heures pour con-
« damner cette vertueuse famille à mort, et qu'il *nous*
« a fallu neuf ans pour lui faire rendre justice.

« Mes respects à la sainte Vierge, devant qui les as-
« sassins du roi de Pologne ont communié et fait serment
« d'assassiner leur roi légitime. »

Au sujet de la condamnation de La Barre, la correspondance de Voltaire avec Moultou prit un caractère
encore plus intime et plus confidentiel que précédemment. Un des griefs allégués contre cet infortuné portait qu'il s'était agenouillé devant le *Dictionnaire philosophique* de Voltaire, et les juges menaçaient sérieusement le défenseur de La Barre de l'impliquer dans
l'affaire comme complice du prévenu. Voltaire dut se
condamner au repos pendant quelques semaines, mais
il ne pouvait se résoudre à un silence absolu, et ce fut
Moultou qu'il chargea de transmettre aux parents des
condamnés le témoignage de sa vive sympathie. « Le
« vieux malade, lui écrit-il, espère mourir bientôt pour
« ne plus voir de ces horreurs : il ne voit que trop que
« le même esprit qui les fit naître les maintient et les
« maintiendra.

« On nous trompait quand on nous promettait de la
« douceur envers cet infortuné jeune homme : un tigre

« mangera toujours des agneaux, mais ne le deviendra
« pas. La lettre que ce pauvre père de famille m'écrit
« me déchire le cœur, je me trouve moi-même dans
« une position bien pénible pour avoir pris hautement
« son parti ; ceux qui sont payés et honorés pour faire
« du mal au nom de Dieu sont les maîtres absolus dans
« leur tripot infernal et sacré. J'ai reçu des lettres ano-
« nymes dans lesquelles on me menace beaucoup si je
« continue à prendre parti dans cette affaire...

« Je vous prie, mon cher philosophe, de vouloir bien
« écrire au père de famille l'état où je me trouve, sans
« me nommer ; Mme la duchesse d'Anville serait la seule
« personne qui pourrait me rendre service dans cette
« affaire auprès d'un athée qui cherche à plaire à des
« fanatiques.

« Je vous embrasse bien tendrement et ne puis vous
« en dire davantage, ni ne puis écrire au père de fa-
« mille. — Je vous supplie instamment de lui mander
« que de très-tristes raisons me forcent à ne pas écrire
« un seul mot par la poste sur la tolérance et sur la jus-
« tice qu'on doit aux hommes. Vous, mon cher Moul-
« tou, vous pouvez mander ce que vous voudrez, vous
« êtes libre ; vous êtes né libre, et je suis né esclave. »

Un scandale d'un autre genre, qui remua fortement
les esprits dans le midi de la France, tient aussi une
large place dans les relations épistolaires de Voltaire
avec Moultou.

M. Ripert de Montclar venait de mourir ; on sait que
les éloquents et courageux réquisitoires prononcés par ce
magistrat contre les jésuites furent une des principales
causes de leur bannissement de France ; en 1764, le
roi, entraîné par la puissance des raisonnements de

son procureur général, signa leur expulsion. Neuf ans plus tard, le 12 février 1773, M. de Montclar mourut; le bruit courut partout qu'il avait, à ses derniers moments, rétracté sa conduite et fait amende honorable envers la Société de Jésus. Aujourd'hui ce fait est consigné dans les livres et les biographies qui ont trait à l'histoire des jésuites. « Son confesseur, affirme-t-on, « par ordre de l'évêque d'Apt, exigea de lui qu'il rétrac- « tât ce qu'il avait avancé de défavorable au clergé en « général, et il se résigna à cet acte de repentir et de « soumission. »

Or, M. Moultou, proche parent des Montclar, reçut, peu de temps après la mort du procureur général, une relation détaillée de ses derniers moments, relation que la famille du défunt le priait instamment de communiquer à Voltaire. Voici cet étrange document, qui est livré ici pour la première fois à la publicité:

« M. de Montclar, ancien procureur général au Par- « lement de Provence, étant malade à Saint-Saturnin, « diocèse d'Apt, fut administré, le 12 février 1773, par « le vicaire de sa paroisse, nommé Jouval, en présence « de Madame sa femme, de son frère, de M. de Salonet, « capitaine de cavalerie, de quelques parents, de tous « ses domestiques, de quoi fut dressé procès-verbal. — « L'évêque d'Apt, nommé Boçon, gouverné par quelques « ex-jésuites, mande le 14 février le vicaire, lui fait un « crime d'avoir conféré les sacrements à M. de Mont- « clar; il le menace, l'intimide et exige de lui une « fausse déclaration, dans laquelle il est dit en termes « exprès que M. de Montclar, en mourant, a protesté « d'être soumis à la bulle *Unigenitus*, qu'il rétractait « ce qu'il a fait et dit contre ladite bulle, qu'il de-

« mande pardon d'avoir persécuté les saints jésuites,
« qu'il leur rend hommage et se repent d'avoir prêté
« son ministère à la destruction d'une Société si
« utile. »

« Ce sont les propres termes de l'écrit signé par le
« vicaire Jouval.

« Ce malheureux prêtre remontre humblement à l'é-
« vêque que rien de tout cela n'est vrai ; que lui, Jou-
« val, a déjà attesté tout le contraire dans la famille,
« de vive voix et par écrit ; qu'enfin il ne peut se ré-
« soudre à mentir avec tant d'impudence. L'évêque
« l'assure que c'est pour la plus grande gloire de Dieu;
« un ex-jésuite lui fait comprendre que, si M. de Mont-
« clar n'a pas proféré exactement ces paroles, il doit
« les avoir dans le cœur. Enfin le malheureux signe
« cette pièce calomnieuse. — De retour à Saint-Satur-
« nin, il est troublé de remords ; il demande pardon à
« Mᵐᵉ de Montclar et à toute sa famille de la faiblesse
« qu'il a eue ; il désavoue, les larmes aux yeux, les
« mensonges que l'évêque d'Apt avait arrachés à sa ti-
« midité. Ce désaveu, signé de quatre témoins, est du
« 16 février 1773. — Dès lors, Jouval, pressé entre
« les reproches de la famille du défunt et les menaces
« de son évêque, supplie M. de Montclar, le frère, de
« vouloir bien supprimer les pièces qui pourraient
« prouver cette manœuvre. M. de Salonet lui répond le
« 23 février, de Marseille, où il était pour lors : « Je ne
« puis me prêter à la proposition que vous me faites ;
« quand on nous représentera cette déclaration que l'é-
« vêque d'Apt vous a fait signer chez lui contre la vérité,
« que pourrons-nous répondre ? On ne trafique pas
« ainsi de la vérité ; nous ne le pourrions pas pour nous-

« mêmes, encore moins pour la réputation d'un père de
« famille respectable. »

Lorsque M. Moultou eut pris connaissance de cette
déclaration de ses parents de Montclar, il communiqua,
selon leur désir, ces faits à Voltaire ; celui-ci lui écrit,
en date du 25 avril 1773 : « En vous remerciant du fond
« de mon cœur, le vôtre doit être bien ulcéré. Je ne
« doute pas que vous ne fassiez voir le jour à des piè-
« ces aussi importantes, et que vous ne manifestiez ces
« excès de l'imposture d'un évêque et de la faiblesse
« de ce pauvre vicaire. Ce sera servir à la fois les rois
« de France, d'Espagne, de Portugal et de Naples, jus-
« tifier la mémoire de M. de Montclar et rendre service
« à tous les honnêtes gens de l'Europe. La publication
« d'une telle calomnie est d'autant plus nécessaire
« qu'une pareille friponnerie est en usage dans presque
« toutes les paroisses catholiques ; on gêne, on persé-
« cute les vivants, et on calomnie les mourants. Il ne
« faut pas manquer une telle occasion de démasquer
« les loups qui se cachent sous la peau des agneaux
« qu'ils ont mangés. »

M. Moultou hésitait ; il lui répugnait de frapper un
ennemi terrassé, les jésuites étant alors chassés de toutes parts. L'esprit de liberté religieuse faisait d'ailleurs
de jour en jour de plus grands progrès, et il lui paraissait inutile, en même temps que peu généreux, d'ac-
cabler des adversaires désormais impuissants. Il témoigna ses scrupules à Voltaire, qui lui répondit : « Mon
« cher philosophe, faites comme il vous plaira avec vo-
« tre maudit évêque. Vos papiers sont à vous : chacun
« est le maître de son bien, mais il est triste que la fraude
« pieuse de ce sycophante ne soit pas assez connue. »

M. Moulton suivit son premier mouvement, et la déclaration des Montclar ne fut pas imprimée. Aujourd'hui les jésuites sont plus puissants que jamais ; exilés ou présents, ils troublent et dominent également les pays chrétiens, nous ne voyons donc pas qu'il y ait lieu à avoir les mêmes scrupules que Moultou, et qu'il soit convenable, au point de vue de la vérité historique, de retenir par devers soi quelque pièce attenant au grand procès que leur intentent devant l'opinion publique les amis de la liberté.

Les faits particuliers dont nous nous sommes occupés jusqu'ici ne sont pas les seuls qui aient alimenté la correspondance de Voltaire avec Moultou. La question générale de la liberté due aux protestants français et de leur rétablissement dans le droit civil commun les préoccupait également tous les deux : Voltaire était soigneusement instruit de toutes les démarches qu'on essayait à la cour de Louis XV, mais souvent les affaires lui paraissaient fort mal conduites ; ainsi le 11 mars 1764, il écrivait à Moultou : « Il est bien étrange, cher et
« aimable philosophe, qu'on propose le rappel des pro-
« testants en France, car assurément on ne les en a pas
« chassés ; au contraire, on les retient malgré eux, et on
« confisque leurs biens quand ils viennent déjeuner à
« Genève ou à Lausanne. Ce qu'on devrait proposer, ce
« me semble, ce seraient des conditions raisonnables,
« moyennant lesquelles ils ne seraient plus tentés d'a-
« bandonner leur patrie. Mais on m'assure que, dans le
« livre de M. de la Morandière, on avance qu'il ne doit
« pas être permis à deux familles de se réunir pour prier
« Dieu : c'est conseiller la persécution sous le nom de
« la tolérance ! mais il se pourrait qu'on m'ait trompé ;

« je n'ai point vu ce livre; tout ce que je sais, c'est
« que les Parlements brûlent à présent tous les li-
« vres qui leur déplaisent. Vous savez que l'auteur
« de l'apologie de la Saint-Barthélemy est à Rome en
« personne, tandis qu'à Paris il est au carcan en pein-
« ture. — Dieu le récompensera, il sera peut-être car-
« dinal. »

Et (même date) : « Comptez, mon cher Monsieur,
« que nous sommes tous des imbéciles : ce n'est point
« avec des livres qu'on obtient les grâces de la cour, et
« l'*Apologétique* de Tertullien ne fut pas lue seulement
« d'un marmiton de la cour de l'empereur. Les bons
« livres peuvent faire des philosophes, encore n'est-ce
« que chez les jeunes gens ; les autres ont pris leur pli.
« C'est ce qui fait que monsieur de Crosne est entière-
« ment pour nous, indépendamment même des formes
« juridiques. Mais il faut des formes à MM. d'Agues-
« seau et Gilbert, qui ne sont point du tout philo-
« sophes ; il faut auprès des ministres d'Etat de très-
« grandes précautions, et point de livres : un bon ou-
« vrage peut porter ses fruits dans quinze ou vingt ans,
« mais aujourd'hui il s'agit d'obtenir la protection de
« Mme de Pompadour; le grand point est d'intéres-
« ser son amour-propre à faire autant de bien à l'Etat
« que Mme de Maintenon a fait de mal. Je répondrai
« bien de sa bonne volonté, et de celle de MM. de
« Choiseul et de Praslin ; mais, avec tout cela, cette
« tolérance ne serait pas encore accordée, tant il est
« difficile de changer ce qui est une foi établi. C'est
« assurément une très-belle entreprise, et je mourrais
« tranquille si j'avais mis une pierre à cet édifice. —
« Nous raisonnerons de tout cela avec M. Moultou,

« l'homme que j'estime le plus, et en qui j'ai la plus
« grande confiance. »

En 1764, M. Moultou travaillait à une histoire des
premiers siècles de l'Eglise ; il en communiqua des
fragments à Voltaire. A cette occasion, la verve railleuse
du philosophe de Ferney reprit le dessus, et il enfour-
cha, pourrait-on dire, son *dada*, qui était, ainsi que
nous l'avons vu, de confondre le christianisme avec le
fanatisme romain. « Il fallait, écrit-il à son ami le 17
« mars 1764, il fallait que les premiers chrétiens don-
« nassent d'eux une bien mauvaise idée, pour qu'on les
« accusât d'être anthropophages ; pour moi, je vous
« avoue que j'aimerais mieux qu'ils eussent mangé au-
« trefois un ou deux petits garçons, que de faire brûler
« tant d'innocents et de se rendre coupables des massa-
« cres des Albigeois, de Mérindol, de Cabrières, de la
« Saint-Barthélemy, et de tant d'autres horreurs. Cette
« abomination nous est particulière ; il faut que notre
« religion soit bien vraie, puisqu'on n'a jamais craint de
« lui nuire en la prêchant ainsi. Adieu, Monsieur, je
« regarde comme la consolation de ma vie l'amitié d'un
« homme tel que vous. »

Un peu plus tard, en 1766, nous retrouvons encore,
dans la correspondance de Voltaire avec Moultou,
l'expression de cette horreur que lui inspirait le fanatisme : « J'ai avec vous la conformité d'un très-grand
« mal aux yeux ; mais les vôtres sont jeunes, et je per-
« drai bientôt les miens, ils lisent en pleurant cet amas
« d'horreurs rapporté dans le livre que vous m'envoyez :
« en vérité, cela rend honteux d'être catholique ; je
« voudrais que de tels livres fussent entre les mains de
« tout le monde. Mais l'opéra-comique l'emporte, et

« presque tout le monde ignore que les galères sont
« pleines de malheureux condamnés pour avoir chanté
« de mauvais psaumes. Ne pourrait-on point faire quel-
« que livre qui pût se faire lire avec quelque plaisir par
« les gens mêmes qui n'aiment point à lire, et qui por-
« tât les cœurs à la compassion ? — Plus j'y pense, plus
« il me paraît difficile d'avertir que les fruits d'un arbre
« sont mortels sans faire sentir aux esprits exercés que
« l'arbre est d'une bien mauvaise nature. — Me per-
« mettrez-vous de garder quelques jours le compte de
« vos frères (protestants égorgés ou bannis) ? Il me pa-
« raît, par leur nombre, que vous n'auriez pas dû vous
« laisser pendre ; mais, entre nous, je crois ce nombre
« terriblement exagéré ; je vais écrire dans une pro-
« vince dont je pourrai recevoir des instructions, et ce
« qu'on m'apprendra de ce canton me servira de règle
« pour les autres. — Je voudrais bien que votre confrère
« de Céligny (M. Vernes) vous envoyât le petit cha-
« pitre en question ; je ne sais s'il n'est point trop plai-
« sant pour être mis dans un ouvrage sérieux ; mais il
« me paraît essentiel de le faire lire par tout le monde,
« si on peut. Ce n'est pas assez de prouver que l'into-
« lérance est horrible, il faut prouver aux Français
« qu'elle est ridicule. — Je vous embrasse de tout mon
« cœur, comme un véritable ami des hommes ; vous
« êtes au-dessus des cérémonies. »

L'année suivante, Voltaire charmé de l'expulsion des
jésuites hors de toutes les terres de la domination espa-
gnole, voudrait que ce grand travail fût couronné par
la rentrée en France des protestants, laquelle semblait
avoir quelques chances de succès (24 avril 1767). « Voilà
« deux grandes nouvelles, mon cher Monsieur ; voilà

« une espèce de persécuteurs bannie de la moitié de
« l'Europe, et une espèce de persécutés qui peut enfin
« espérer de jouir des droits du genre humain que le
« Père Lachaise et Michel Letellier leur ont ravis. Il fau-
« drait piquer d'honneur M. de Maupeou : je réponds
« bien de MM. de Choiseul et de Praslin; mais, dans
« une affaire de législation, le chancelier a toujours
« une voix prépondérante. Mme la duchesse d'Anville
« est à la Roche-Guyon, mais écrivez-lui; flattez la
« grande passion qu'elle a de faire du bien, qui vous est
« commune avec elle ; elle est capable d'aller exprès à
« Versailles. Le succès d'une pareille entreprise rendrait
« le roi chéri de toute l'Europe. Est-il possible que les
« Turcs permettent aux chiens de chrétiens de porter
« leur Dieu dans les rues, de chanter *ó filii, ô filiæ* à
« tue-tête, tandis que les Welches ne permettent pas à
« d'autres Welches de se marier ? La conduite welche
« est si folle et si odieuse qu'elle ne peut pas durer. —
« Je vous embrasse tendrement. »

Si les démarches des deux amis, le philosophe incrédule et le philosophe chrétien, ne purent amener encore le triomphe complet de la liberté religieuse en
France, du moins bien des injustices isolées furent
réparées grâce à leur zèle. Ainsi, le 13 décembre 1769,
Voltaire écrivait à Moultou : « Je vous fais compliment
« de vos deux galériens mis en liberté; si c'est par
« Mme d'Anville que vous êtes parvenu à cette bonne
« œuvre, cela prouve qu'elle a du crédit auprès de
« M. de Saint-Florentin; si c'est par vous-même, vous
« ferez casser la révocation de l'édit de Nantes (1). »

_____

(1) La famille Moultou conservait une volumineuse correspon-

Enfin, six ans plus tard, la cause de la tolérance
avait fait de sérieux progrès, puisque (9 août 1775)
Voltaire pouvait écrire : « L'archevêque de Toulouse a
« parlé il y a quelque temps des mariages protestants,
« et il a montré dans ses propos autant de tolérance que
« de politique. M. Turgot est en train de rendre les plus
« grands services à la nation et à la raison ; sa sagesse et sa
« bienfaisance s'étendent jusque sur nous, pauvres ha-
« bitants ignorés du mont Jura. Attendez-vous, vous
« autres Genevois, aux choses les plus agréables, c'est
« tout ce que je puis vous dire. Ceux qui vous mandent
« que le clergé français n'a jamais eu plus d'activité et
« de crédit se trompent de moitié, ils n'ont raison que
« sur l'activité. — Je vous embrasse avec tendresse et
« joie, quoique fort malade. »

Dès ce moment, en effet, on put prévoir en France
que l'heure allait sonner où la liberté de conscience devait rentrer sur ce sol qu'elle avait quitté depuis si longtemps : son principe était décidément inoculé à la nation, il ne restait plus qu'à en développer les progrès et
la pratique, en se résignant aux lenteurs inséparables
d'une semblable révolution. Toutefois, ces retards em-
pêchèrent les ardents promoteurs de la tolérance de
contempler le résultat de leurs efforts : avant-garde
dans la lutte, ils succombèrent avant de voir leur dra-
peau fixé dans la place conquise ; mais en emportant
l'assurance qu'ils seraient victorieux. — Heureusement

dance entre son chef et la duchesse d'Anville. Ces lettres qui paraissent avoir été du plus haut intérêt touchant la question de la
liberté religieuse, ont été détruites par les pillards révolution-
naires, et nous sommes privés d'un travail qui aurait fait le plus
grand honneur à la mémoire de M. Moultou.

les ministres d'Etat ne songeaient point à revenir en arrière ; Rulhières et Malesherbes mirent à cette cause le plus sérieux intérêt. Dans le but de s'entourer de toutes les lumières possibles, ils s'adressèrent à Genève, et le professeur Jacob Vernet fut chargé de répondre à cette question venue de Versailles : « *Que doit-on, que peut-on faire actuellement en faveur du protestantisme français?* » Le mémoire que Vernet rédigea à cette occasion fut très-goûté par les hommes placés alors à la tête des affaires en France, et en 1788 Louis XVI, écoutant les inspirations de son cœur généreux, termina l'ère des persécutions antichrétiennes sur le sol français en signant l'acte qui rendait la liberté religieuse et la sécurité personnelle aux réformés de son royaume.

Soixante-dix années ont passé depuis que Voltaire et ses amis genevois obtinrent la victoire légale sur le fanatisme romain ; mais l'adversaire de toutes les libertés est loin d'être vaincu ; et lorsque de nos jours les incessantes manifestations de sa mauvaise volonté pénètrent d'inquiétude les amis de la vérité philosophique et religieuse, ne devons-nous pas conserver une vive reconnaissance envers des hommes qui ont délivré l'Europe française de la tyrannie sanglante des Lachaise et des Le Tellier ?

XI

LA PRESSE VOLTAIRIENNE A GENÈVE

Confusion faite par Voltaire entre le christianisme et le fanatisme.
— Craintes des Genevois religieux au sujet du séjour de Voltaire. — Publication de la *Jeanne d'Arc.* — Elle est brûlée à
Genève par la main du bourreau. — Législation genevoise sur
la liberté de la presse. — Le carrosse de Voltaire visité à l'octroi. — *Candide* et le *Dictionnaire philosophique* brûlés. — Propagande organisée par Voltaire pour inonder Genève de ses
pamphlets. — Résistance des pasteurs et jugement porté par
Rousseau sur cette affaire.

Nous avons éprouvé une satisfaction véritable en rendant justice aux nobles efforts de Voltaire en faveur de
la tolérance, mais maintenant la scène change, et nous
sommes obligés de transporter nos lecteurs sur un terrain où le philosophe de Ferney est loin de paraître à
son avantage. Si Voltaire est grand lorsque, suivant les
inspirations de son cœur, il travaille à la cause de l'humanité, il s'abaisse singulièrement lorsqu'il veut, par les
efforts de son esprit, détruire les principes chrétiens.
Nous avons déjà constaté à quelle tactique il emprun-
tait ses armes agressives contre le christianisme, et quel
merveilleux parti il savait tirer de la confusion qu'il affectait de faire entre la loi de l'Evangile et les erreurs
ou les crimes que les passions humaines ont, depuis des
siècles, cherché à vêtir du manteau de cette religion.
Voici du reste quelle était, pour Voltaire, la définition

de la loi de Jésus, « *la plus forte et la mieux conçue.* »
(*Corresp. génér.*, 1768, p. 399) : « Je la trouve absurde,
« extravagante, injurieuse à Dieu, pernicieuse aux
« hommes, facilitant, même autorisant les rapines, les
« séductions, l'ambition, l'intérêt de ses ministres, la
« révélation du secret des familles. Je la vois comme
« une source intarissable de meurtres, de crimes, d'a-
« trocités commises sous son nom ; elle est le bouclier
« de la tyrannie contre les peuples qu'elle opprime, et
« la verge des bons princes quand ils ne sont point su-
« perstitieux : je suis donc dans l'obligation de mépri-
« ser ceux qui la prêchent, et de vouer à l'exécration
« publique ceux qui la soutiennent de leurs violences
« et de leurs superstitions. »

Evidemment, pour Voltaire, l'Evangile et la politique
de Borgia c'était tout un.

A peine arrivé à Genève, Voltaire avait conçu des
intentions réformatrices à l'endroit de « cette ville har-
gueuse » où l'on prêchait publiquement, chaque dimanche, les dogmes de cet Evangile détesté. Toutefois,
trop habile pour dévoiler dès l'abord ses projets, il se
posa en brave et digne homme, incapable de prononcer
une parole contre la religion ou la morale; il en fit même
la déclaration formelle au professeur Jacob Vernet, qui
entretenait avec lui des relations littéraires. On était au
mois de juin 1755; ce pasteur lui avait écrit la lettre suivante : « Monsieur, la seule chose qui trouble la satisfaction
« générale de voir arriver parmi nous un homme aussi
« célèbre que vous êtes, c'est l'idée que des ouvrages
« de jeunesse ont donnée au public sur vos sentiments
« par rapport à la religion : je ne vous dissimulerai point
« que les gens sages qui nous gouvernent, et la bonne

« bourgeoisie, ont manifesté, dans leurs discours, de
« graves inquiétudes à ce sujet : j'espère que vous les
« dissiperez complétement. Si chez nous les théolo-
« giens, les jurisconsultes et les philosophes sont d'ac-
« cord sur la religion, c'est que les pasteurs ont la sa-
« gesse de s'en tenir au pur Evangile, et les gouver-
« nants savent que l'Evangile est nécessaire. Ainsi,
« Monsieur, nous espérons que vous entrerez dans nos
« vues, et que vous vous unirez à nous, quand l'occa-
« sion s'en présentera, pour détourner notre jeunesse
« de l'irréligion, qui conduit au libertinage. Soyez sûr
« qu'alors vous serez honoré, chéri de tous, et craint
« de personne. »

Voltaire lui répondit : « Mon cher Monsieur, ce que
« vous me dites est fort raisonnable. Je déteste l'into-
« lérance et le fanatisme ; je respecte vos lois religieu-
« ses, j'aime et je respecte votre République; je suis trop
« vieux, trop malade et un peu trop sévère avec les
« jeunes gens. Vous me ferez le plaisir de communi-
« quer ces sentiments à vos amis. »

Cette lettre rassura les amis de la religion à Genève;
mais cette tranquillité dura peu. Déjà en 1756, le registre du Conseil porte : « Messieurs ont reçu la visite
« de Spect. Lullin, modérateur de la Vénérable Com-
« pagnie, au sujet d'un écrit fort licencieux qui court
« la ville : c'est 14 vers extraits d'un poëme sur la
« vie de Jeanne d'Arc. Ce poëme est un des écrits les
« plus détestables contre la religion et les mœurs : on
« l'attribue au sieur de Voltaire. » Le Conseil ordonne
là-dessus « une visite des anciens et des dizainiers, qui
« ramasseront toutes les copies de ces vers qu'on
« pourra trouver dans la ville. » M. Vernes, qui était

alors en correspondance avec Voltaire, lui écrivit à ce
sujet : « On m'a communiqué un exemplaire de cette
« détestable poésie ; je crains beaucoup qu'elle ne soit
« de vous ; tous ceux qui vous connaissent sont navrés
« que vous ayez rabaissé votre génie jusqu'à mettre au
« jour une aussi scandaleuse production. » — « Moi !
« lui répondit l'auteur, il faut que je sois tombé bien
« bas dans votre estime, puisque vous me croyez capa-
« ble d'une pareille saleté ! » Et vingt lettres écrites à
ses amis nous reproduisent les mêmes dénégations ; mais
Voltaire voulut en outre se jouer des magistrats genevois : il s'adressa à eux, feignant une grande colère
contre un libraire de Lausanne, nommé Grasset, qui,
ignorant que ce poëme fût de Voltaire, vint lui en offrir
une copie manuscrite ; il faut avoir lu l'original de cette
lettre envoyée aux syndics de Genève (1756), pour
croire qu'un homme puisse être capable de se couvrir
lui-même d'aussi violentes injures : « Vos bontés et
« celles du magnifique Conseil m'ayant déterminé à
« m'établir ici sous votre protection, je désire assurer
« mon repos en ayant recours à votre prudence et à la
« justice du Conseil. Je vous informe qu'un nommé
« Grasset est parti de Paris, chargé d'un manuscrit
« abominable qu'il veut faire imprimer sous mon nom.
« J'ai pris les mesures nécessaires pour empêcher cette
« indignité. Grasset, se voyant empêché, est venu me
« proposer ce manuscrit pour 50 louis, et me dit que,
« si je ne l'achetais pas, il le vendrait à d'autres. Je
« fus saisi d'horreur à la vue de cette feuille, qui in-
« sulte avec autant d'insolence que de platitude à tout
« ce qu'il y a de plus sacré. Grasset, prenant mon si-
« lence pour une approbation, m'offrit de me faire une

« copie de ce manuscrit. Je lui dis que ni moi, ni per-
« sonne de ma maison ne transcririons jamais des cho-
« ses si infâmes et que, si un de mes laquais en copiait
« une ligne, je le chasserais sur-le-champ. Ma juste in-
« dignation me détermina à faire remettre entre les
« mains d'un magistrat cette feuille punissable, qui ne
« peut avoir été composée que par un scélérat insensé,
« imbécile. J'ignore ce qui s'est passé depuis ; j'ignore
« de qui Grasset tient ce manuscrit odieux ; mais ce
« que je sais, c'est que ni vous, ni aucun des membres
« de cette République ne permettront des ouvrages si
« horribles, qui outragent également les mœurs, la re-
« ligion et le repos des hommes. Mais il n'y a aucun
« lieu sur la terre où j'attende une justice plus éclairée
« qu'à Genève. » Et cela est signé : *Voltaire, gentil-
homme ordinaire du roi!*

Ce poëme de la *Jeanne d'Arc*, il l'avait composé à la
cour de Berlin dix ans auparavant ; il conservait le
manuscrit avec un tel soin qu'en voyage il le portait constamment sur lui dans une poche secrète. A Ferney, il le
communiquait à ses intimes, il s'en faisait lire des
fragments le soir lorsqu'il était fatigué de travail :
et il se montra charmé d'entendre, en 1778, le
peuple de Paris qui l'entourait, unir dans son engouement le plus beau et le plus vil de ses poëmes,
et crier : « Vive la *Henriade* ! vive la *Jeanne d'Arc* ! »
On peut juger d'après cela quels furent ses sentiments, lorsqu'il apprit que le 4 août 1756, devant l'hôtel de ville de Genève, à la réquisition du
procureur général Tronchin, un des Genevois qu'il
estimait le plus, et aux applaudissements d'une foule
nombreuse, on avait brûlé par la main du bourreau les

exemplaires manuscrits de ce poëme qu'on avait trouvés dans la ville. Toutefois, ne nous y trompons point : cette exécution légale, souvenir affaibli de l'inquisition, servait à merveille le plan de Voltaire ; il savait bien que les livres brûlés étaient lus avec une avidité sans exemple par tous les amateurs du fruit défendu.

Puisque nous y sommes amenés, disons ici en deux mots en quoi consistait à Genève la législation en matière de presse. La loi était sur ce sujet aussi simple que brève : « Il est défendu d'imprimer dans des lieux « occultes : on ne se servira que d'imprimeries décla- « rées, à peine de 50 écus d'amende ; défendu de rien « imprimer sans la permission des seigneurs scolarques « (c'étaient trois conseillers chargés de surveiller l'ins- « truction publique). » Ce régime, qui sous un gouvernement autocratique eût pu facilement aboutir à détruire toute liberté de pensée, n'empêchait nullement à Genève, grâce au bon sens des gouvernants, l'opinion publique de se faire jour sur toutes les questions : le pour et le contre s'imprimaient largement en toute affaire ; les seigneurs scolarques n'arrêtaient la publication que des écrits décidément scandaleux sous le rapport moral.

Les mauvais livres étaient, à l'époque dont nous parlons, ordinairement importés du dehors : trois libraires, Chirol, Grasset et Gando furent punis à cette occasion, mais les brochures impies n'en continuèrent pas moins à circuler dans la ville ; aussi le gouvernement ordonna que les visiteurs de l'octroi surveilleraient rigoureusement les ballots, surtout ceux qui viendraient du côté de Ferney. Les préposés cumulèrent dès lors avec leurs fonctions ordinaires une chasse active aux feuilles d'imprimerie. Une scène burlesque eut lieu par suite de cette mesure. On savait que maintes fois le carrosse de M. de Voltaire, que par considération on ne visitait jamais, avait déposé des caisses suspectes à la porte du libraire Chirol. Ordre fut donné d'y prendre garde. Un jour ledit carrosse vient à passer au grand trot : le chef du poste l'arrête, le domestique insiste pour continuer la route et il s'engage une querelle dans laquelle les plus gros mots sont lancés contre M. de Voltaire. Malheureusement la voiture était vide, en sorte que Voltaire put se plaindre amèrement du procédé, et le Conseil dut prendre acte d'une missive peu agréable du résident de France (Portef. historiq. Archives de Genève, n° 4962) : « Messieurs les syndics, j'apprends « par beaucoup de témoins que sous prétexte de vi- « siter le carrosse de M. de Voltaire, le sergent et le vi- « siteur ont vomi mille injures contre sa personne : « je vous demande que ces gens soient punis exemplai- « rement ; il paraît inutile de vous dire que c'est moins « le moment que jamais de mécontenter le ministre « de France. »

Après la *Jeanne d'Arc*, le premier ouvrage qui fut prohibé fut *Candide*, publié en 1759, sans nom d'auteur. Malgré tout le respect que l'on doit porter à la réputation de lord Brougham et malgré les éloges que dans son livre sur *Voltaire et Rousseau* il a donnés au roman soi-disant moral de *Candide*, nous ne pouvons, pour notre part, l'envisager que comme un livre vraiment infernal : c'est l'histoire de gens qui, *candidement* et sans penser à mal, commettent tous les crimes connus sur cette terre. Ingratitude, débauches, vols, meurtres de divers genres sont accomplis comme les

choses les plus naturelles : naturellement aussi les peines
et les châtiments les plus intimement liés à ces actes
tombent sur les héros du livre qui chargent alors l'Être
suprême de la responsabilité de leurs misères et trouvent qu'il eût bien dû arranger les choses de manière
à ce qu'on pût tuer son prochain sans être poursuivi
par la justice et déshonorer la maison de son bienfaiteur sans en être chassé. Il est peu de livres mieux cal-
culés pour anéantir les scrupules d'une conscience encore mal affermie dans le sentier du devoir. — Tel fut
aussi le jugement de la Compagnie des Pasteurs : le
2 mars 1759, la présence de ce livre dans Genève étant
dénoncée au Conseil par le Modérateur, sur sa réquisition, l'on arrêta que tous les exemplaires seraient
immédiatement détruits. — Voltaire, pour composer ce
livre, s'était enfermé trois jours, ne voulant ouvrir sa
porte qu'à ses repas et à son café : au bout de ce temps,
Mme Denis, effrayée d'une pareille séance, voulut forcer
la consigne ; Voltaire lui jeta le manuscrit à la figure
en lui disant : « Tenez, curieuse ! voilà qui est bon pour
« vous ! » Ses amis lui demandèrent s'il était réellement
l'auteur de ce pamphlet. A M. Vernes il répondit : « J'ai lu
« enfin *Candide*, et comme pour la *Jeanne d'Arc* je vous
« déclare qu'il faut avoir perdu le sens pour m'attribuer
« une pareille.....» (Ici une épithète qui n'a de place que
dans le dictionnaire du langage des halles.) A un autre
il dit : « Plus j'ai ri en lisant *Candide*, plus je suis fâché
« qu'on me l'attribue. Dieu me garde d'avoir la moin-
« dre part à cet ouvrage ! » On devine que, malgré
les soins du Conseil, Voltaire et son libraire en intro-
duisirent bon nombre d'exemplaires dans Genève.

Il en fut de même peu après pour une tragédie intitulée *Saül,* dans laquelle Voltaire se fait un jeu de tronquer le sens des récits scripturaires, transforme le prophète Samuel en grand inquisiteur, et se servant de traductions infidèles, cite des faits qui ne furent jamais consignés dans la Bible.

La publication de Voltaire qui fut accueillie avec le plus de sévérité de la part du gouvernement genevois fut le *Dictionnaire phiosophique porttaif.* C'est, en effet, dans ces deux petits volumes que Voltaire a condensé les plus tristes assertions concernant l'Evangile. Ils furent imprimés à Londres et à Amsterdam, et de nombreux exemplaires en arrivèrent à Genève au mois de septembre 1764. Dès l'abord, M. Tronchin, sur le rapport du Consistoire, fait saisir ces ballots, et le Conseil déclare ce livre *impie, scandaleux, téméraire, destructif de la religion.* Un peu plus tard, il apprend que le libraire Chirol en a vendu 12 exemplaires : mandé à l'hôtel de ville, cet homme déclare qu'ils lui ont été remis par la femme de son collègue Grasset. Grasset, mandé à son tour, répond qu' « il ne sait ni ce qui sort, « ni ce qui entre dans son imprimerie. » Le Conseil l'oblige à demander pardon à Dieu, le condamne à 50 florins d'amende, et il lui déclare qu' « il sera cassé d'imprimeur s'il ne veille mieux à ses affaires. » Puis la délibération s'engage sur Voltaire lui-même, et l'on cherche les moyens de manifester le plus rudement possible le mécontentement que l'on éprouve à son égard. Sur ces entrefaites, M. Tronchin, faisant une visite à Ferney, reprocha à Voltaire la publication de cet ouvrage, et lui dit qu'il pourrait bien passer par la main du bourreau. « Vraiment, Monsieur le magistrat, répondit-il, « on croirait que vous regrettez d'avoir brûlé l'*Emile*

« de Jean-Jacques, et que vous voulez vous faire bien
« venir auprès des citoyens représentants, ses amis (1).
« — Vous détournez la question, répliqua Tronchin ; re-
« tirez ce livre, exigez de vos complices la remise de
« tous les ballots, ou je me verrai dans l'obligation de
« faire contre vous le plus désagréable réquisitoire, et
« je vous avertis que, dans ce moment, les ministres
« du roi de France sont peu disposés en votre faveur. »
— Voltaire haussa les épaules, mais le lendemain il
écrivit au Conseil une lettre qui fait le pendant de celle
qu'il lui avait déjà envoyée à propos de la *Jeanne d'Arc* :
« Je suis obligé, dit-il, d'avertir le magnifique Conseil
« que parmi les libelles pernicieux dont cette ville est
« inondée, et qui sont tous imprimés à Amsterdam
« chez Michel Rey, il arrivera lundi prochain chez le li-
« braire Chirol, de Genève, un ballot contenant des *Dic-*
« *tionnaires philosophiques*, *Evangiles de la raison*, et
« autres sottises que je méprise autant que les *Lettres de*
« *la Montagne* du sieur Rousseau. Je crois faire mon
« devoir en donnant cet avis, et je m'en remets en-
« tièrement à la sagesse du Conseil, qui saura bien ré-
« primer toutes les infractions à la paix publique et au
« bon ordre. » Mais Voltaire, Chirol et Gando se pro-
mettaient d'employer une ruse familière aux contreban-
diers littéraires, comme aux autres. Pendant qu'on sai-
sissait les ballots de Chirol, une forte cargaison passait
la frontière sur un autre point, à l'adresse de Gando,
qui put fournir largement Genève de la denrée prohi-

---

(1) Ce fait, antérieur effectivement à l'époque où se passaient
les choses que nous racontons dans cette page, trouvera sa place
dans le chapitre suivant, consacré plus spécialement à Rousseau.

bée. M. Tronchin, indigné de se voir ainsi joué par
Voltaire, lança contre lui un réquisitoire des plus énergiques, et son ouvrage fut brûlé par la main du bourreau, le 26 septembre 1764. L'auteur, malgré toute sa
susceptibilité, ne jugea pas à propos de se brouiller,
pour cet affront, avec le procureur général, qui connaissait trop bien sa vie privée pour qu'il voulût s'en faire
un ennemi.

Cette vigilance et cette sévérité paraissant par trop
désagréables à Voltaire, il essaya de s'en débarrasser
au moyen d'une ruse des plus malicieuses. Il fit imprimer ses plus tristes productions sous des titres religieux, ou tout au moins de nature à faire illusion au
premier abord. Afin de tromper mieux les autorités genevoises, il avait soin de faire débuter la plupart de ces
pamphlets par trois ou quatre pages du meilleur aloi,
et qui servaient d'introduction aux plus indignes blas-
phèmes contre la doctrine et la personne du Sauveur.
Ainsi, sous les titres de : *Almanach philosophique, Pensées
sérieuses sur Dieu, Sermons du Rév. Jacques Rossetes,
Homélie du pasteur Bourn, Evangile du jour, Lettres
d'un proposant à M. le pasteur De Roches, Adresse des
pasteurs de Genève à leurs collègues, Conseils aux pères de famille, Lettre sur la Terre-Sainte établissant la
réalité des miracles de Jésus-Christ*, Voltaire vida dans
Genève tout l'arsenal de son incrédulité.

A la vérité, le Consistoire faisait bonne garde, les
pasteurs multipliaient les visites, conjuraient les chefs
de famille de ne point acheter ces mauvais livres, et
souvent ils réussissaient, témoin le fait suivant. Un
horloger avait une nombreuse collection des pamphlets
de Voltaire, et la tenait soigneusement cachée. Un jour,

après le dîner : « Il avait bon goût, le fricot ? lui demande sa mère. — Mais oui, très-bon, et surtout « chaud à point. — Ah ! pour chaud, je le crois bien ! « si tu veux savoir de quel bois je l'ai chauffé, va voir « ta cachette à Voltaire ! » La bonne femme avait trouvé le nid, et il n'y restait pas une plume des oiseaux de contrebande. — Mais Voltaire, afin de déjouer cette surveillance ecclésiastique, inventa des moyens où parfois le burlesque le dispute à l'impudence ; l'attention une fois éveillée sur le procédé des faux titres, la vente chez les libraires était devenue impossible : Voltaire, qui voulait continuer son œuvre, fût-ce au prix de grands sacrifices d'argent, fit distribuer gratis toutes ses productions, en recourant à toutes les petites manœuvres qu'il put imaginer. Des Genevois, entièrement à sa dévotion, et qui du reste appartenaient aux plus hautes comme aux plus basses classes de la société, ne se firent aucun scrupule de seconder ses vues, et leurs services furent complétés par ceux d'une troupe de colporteurs chèrement payés. En fin de compte, les prétendus sermons se trouvaient partout : en entrant dans les boutiques, les affiliés, sous prétexte d'une petite emplette, glissaient quelques brochures impies sous des papiers ou des ballots ; de jeunes femmes se trouvaient-elles au comptoir, ils avaient soin de choisir les écrits les plus propres à corrompre leur imagination. Les colporteurs parcouraient les *montées* et fixaient ces libelles au cordon des sonnettes, ou les glissaient sous le seuil des portes ; on en trouvait des piles dans les cabinets des horlogers, et les petits *messagers* avouaient qu'un *Monsieur* leur avait donné six sous pour déposer le paquet sur l'établi du patron. Chaque soir, sur les

bancs des promenades, se trouvaient des feuilles oubliées
à dessein. Bien plus on réussissait à s'introduire dans
les classes du collége, et les enfants rencontraient ces
petits livres parmi leurs cahiers ; ceux qui connaissent l'attrait des choses mystérieuses pour cet âge, peuvent comprendre que ces ouvrages n'étaient livrés aux
maîtres et aux parents qu'après avoir été lus et dévorés.
La propagande voltairienne allait plus loin encore : dans
les locaux où se donnaient les leçons de catéchumènes,
souvent les catéchismes furent remplacés par des brochures, reliées dans le même format et contenant ces
dialogues perfides où l'incrédule triomphe à plaisir de
son interlocuteur chrétien ; on reliait les dictionnaires
philosophiques portatifs avec le titre et l'apparence des
psaumes, et on les laissait sur les bancs du temple de la
Madeleine, au service des jeunes gens.

Plusieurs familles genevoises, comme nous l'avons
déjà dit, fréquentaient Voltaire, et celles qui n'applaudissaient pas formellement à ses paroles satiriques et à
sa croisade contre le christianisme , ne paraissaient pas
tout au moins se formaliser beaucoup des petites agres-
sions dont elles ne pouvaient manquer d'être les témoins
dans l'intérieur du seigneur de Ferney. Ainsi, un jour,
une dame lui rendait visite, accompagnée de sa petite
fille. Voltaire trouve l'enfant fort à son gré et se hâte
de chercher à lui rendre service à sa manière : « Quelle
« charmante petite créature ! Elle est, je pense, aussi
« studieuse que belle ? — Oh ! oui, Monsieur ; cepen-
« dant il y a une chose qu'elle ne peut apprendre. — Quoi
« donc ? — C'est son catéchisme. — Et pourquoi donc
« cela ? — Elle n'y comprend rien ! — Oh ! que vous
« avez de l'esprit, ma petite ! Vous ne comprenez pas...

« Ah ! de la bouche des enfants sort la vérité : vous ne
« comprenez pas votre catéchisme !... Tenez, mon en-
« fant, voici un magnifique pêcher, cueillez tant que vous
« voudrez ! » — Grâce au silence de la mère, la leçon
de Voltaire faillit porter son fruit, et plus tard l'enfant,
devenue une personne pieuse, a raconté les longs efforts qui lui avaient été nécessaires pour effacer l'impression produite sur elle par cette scène.

Un voyageur qui visitait Genève à cette époque se
trouva dans un embarras qui peint assez bien la bigar-
rure qu'offrait la société genevoise d'alors au point de
vue des sentiments religieux. « Un jour, dit-il, je dî-
« nais dans une maison où un feu roulant de plaisante-
« ries rapportées de Ferney égayaient l'assemblée. Le
« lendemain, je me trouvais chez des personnes du même
« nom ; je voulus redire quelques bons mots antichré-
« tiens dont on m'avait régalé la veille, mais une phrase
« polie de la dame du logis m'avertit que ses hôtes res-
« pectaient l'Evangile. Toutefois, il me paraît que près
« du tiers des familles riches sont infatuées de Vol-
« taire, et son succès n'est pas moins grand chez les
« artisans. »

Ainsi se réalisaient les éloquentes appréhensions de
Rousseau, adressées en 1760 au professeur J. Vernet :
« Lorsque le soi-disant philosophe de Ferney vint à Ge-
« nève, je prévoyais ce qui arrive. La satire irréli-
« gieuse, le noir mensonge, les libelles sont devenus les
« armes de M. de Voltaire ; il paye ainsi l'hospitalité
« dont, par une funeste indulgence, Genève use avec
« lui. Ce fanfaron d'impiétés, ce beau génie et cette
« âme basse, cet homme si grand par les talents et si
« vil par leur usage , laissera de longs et cruels sou-

« venirs parmi nous ; la ruine des mœurs, la perte de
« la liberté qui en est la suite inévitable, seront chez
« nos neveux les monuments de sa gloire et de sa recon-
« naissance. S'il reste dans leurs cœurs quelque amour
« pour la patrie, ils détesteront sa mémoire ; il sera
« plus maudit qu'admiré. Je sais toutefois qu'il reste
« beaucoup de vrais citoyens qui respectent les lois, les
« mœurs et la liberté : mais ceux-là diminuent, les au-
« tres augmentent. — La pente donnée, rien ne peut
« arrêter le progrès du mal. La génération présente l'a
« commencé, celle qui vient l'achèvera ; chaque ci-
« toyen qui meurt est remplacé par un *agréable*. Le
« ridicule, ce poison du bon sens et de l'honnêteté, la
« satire, ennemie de la paix publique, la mollesse, le
« faste arrogant forment parmi nous un peuple de petits
« plaisants, de bouffons, de baladins, de philosophes
« de ruelles et de beaux esprits de comptoirs, gens re-
« niant la gloire de leurs pères et ses causes, et qui
« n'auraient jamais voulu sortir de leur lit à l'Escalade,
« non par lâcheté, mais par crainte de s'enrhumer. »

XII

RÉSISTANCE DES GENEVOIS AUX IDÉES VOLTAIRIENNES.

Efforts de Rousseau contre les satires irréligieuses de Voltaire. — Fâcheuse influence des affaires politiques dans les questions religieuses. — L'*Émile* et les *Lettres de la Montagne.* — Conduite des pasteurs envers Rousseau.

Si Genève, au lieu de renfermer des hommes généralement développés par les études littéraires de son collège, eût contenu une classe lettrée peu nombreuse et une population ignorante et soumise à une Eglise qui ordonne de croire sans examen, l'action de Voltaire fût devenue irrésistible, la religion et la morale eussent disparu, et cette ville eût subi le sort des républiques ses aînées, grandes et petites, qui sont tombées en dissolution sous le poids trop lourd d'une liberté pourrie par le vice et par le despotisme. Mais les grands patriotes du XVI° siècle connaissaient mieux que personne les causes de la durée ou de la décadence des Etats, et tout, dans la constitution genevoise, avait été calculé pour développer l'intelligence et la moralité des citoyens, ces deux conditions indispensables à la vie des républiques. Les réformateurs, ainsi que nous l'avons déjà vu, n'admettant pas que la moralité pût exister sans la religion chrétienne, avaient introduit celle-ci dans toutes les parties de la carrière du citoyen ; la religion, d'abord enseignée, puis librement examinée, se mêlait intimement à toutes les phases de la vie genevoise. L'enfant la rencontrait d'abord comme portion essentielle de ses études au collége; dans le sein de sa famille, il la retrouvait, sous la forme de prières et de lectures ; il entendait son père et sa mère invoquer le nom de Dieu dans toutes les occasions où le secours du Ciel peut être imploré. La santé ou la maladie, la réussite ou le malheur, le gain ou la perte étaient placés sous la garde du Seigneur. Tous les événements dont l'enchaînement formait l'histoire de Genève avaient la religion pour pivot : c'était en elle que tous les beaux dévouements avaient puisé leur source, en même temps que dans l'amour de la liberté; les infortunes mêmes de la république étaient des sacrifices acceptés pour la conservation de la foi autant que pour celle de l'indépendance nationale, et rien, plus que les sacrifices, n'attache à la cause qui les exige. Chaque famille genevoise avait, de plus, ses archives religieuses, ses souvenier d'exils, de persécutions, de ruines, et même d'échafauds. La religion, par une conséquence logique de ces circonstances, était devenue, pour les Genevois, une affaire nationale, une affaire de famille, une affaire d'intelligence et de conscience.

Aussi ne faut-il pas s'étonner si au milieu du XVIIIᵉ siècle, lorsque l'irréligion et l'incrédulité envahissaient en France les colléges, les académies, la presse, Genève présenta un étrange contraste avec sa puissante voisine. On vit la philosophie et la science, qui en

France formaient des incrédules, demeurer dans la cité de Calvin les alliées du christianisme ; bien plus, ces philosophes, ces savants qui battaient en brèche la religion, virent à Genève leurs disciples, leurs émules, leurs maîtres peut-être, devenir les défenseurs de l'Evangile.

Les philosophes genevois furent donc religieux, et par là même engagés plus ou moins dans la lutte avec Voltaire. Nous citerons en premier lieu Rousseau... Rousseau défenseur de la religion ! cette assertion étonne, car la pensée se reporte immédiatement à ses malheureuses *Lettres de la Montagne*, et l'on se demande comment l'homme qui nie le caractère surnaturel de la révélation peut être considéré comme un champion des croyances religieuses. Malgré ce fait nous persistons à dire que Rousseau défendit la religion, et qu'il sut inspirer à ses amis du respect pour les choses saintes et pour les idées religieuses. Pour admettre cette affirmation, il faut se reporter au temps dont il s'agit ; sans doute, aujourd'hui , dans des sociétés où les principes chrétiens se sont de nouveau largement développés, où l'on s'incline devant les convictions sincères, où les œuvres qui portent un cachet vraiment évangélique sont respectées de tous les hommes au cœur droit ; aujourd'hui, on ne pourrait peut-être pas émettre la même appréciation.

Mais, il y a cent ans, les circonstances étaient tout autres ; alors des auteurs impartiaux pouvaient écrire : « La Suisse elle-même, où le bonheur, le bon sens et la « foi avaient trouvé un dernier asile, la Suisse com- « mence à produire de petits docteurs incrédules. « Dans Genève, des gens qui entendent à peine leur

« métier et des femmes beaux esprits argumentent un
« Voltaire à la main contre Jésus-Christ et font les
« agréables sur l'histoire de l'Evangile. » — Il y a cent
ans, l'ironie et la satire se déversaient sur les Livres
saints, le respect pour les choses religieuses se flétrissait chez beaucoup dès l'enfance, l'incrédulité gagnait
de haut en bas, de long en large, dans la société française, habituée à considérer l'intelligence, la réflexion,
la science comme incompatibles avec les convictions
chrétiennes ; le ridicule , en un mot , était attaché à
l'Evangile et couvrait en même temps ceux qui ne con-
sentaient pas à le renier en ricanant. Comment, dans un
pareil milieu, ne pas considérer comme un défenseur de
la religion un écrivain qui, n'écoutant que sa seule
conscience, vient adorer publiquement ce que ses admirateurs s'attendent à le voir brûler avec mépris ? comment ne pas estimer à l'égal d'une sincère profession de
foi chrétienne cette belle page dans laquelle Rousseau
s'écrie : « Pour moi, la majesté des Ecritures m'étonne,
« leur sainteté parle à mon cœur. Voyez les livres des
« philosophes avec toute leur pompe, qu'ils sont petits
« près de celui-là ! Se peut-il qu'un livre, à la fois si
« sublime et si simple, soit l'ouvrage des hommes ? Se
« peut-il que celui dont il raconte l'histoire ne soit
« qu'un homme lui-même ? Est-ce là le ton d'un en-
« thousiaste ou d'un ambitieux sectaire ? Quelle dou-
« ceur, quelle pureté dans ses mœurs ! Quelle grâce
« touchante dans ses instructions ! Quelle élévation
« dans ses maximes ! Quelle profonde sagesse dans ses
« discours. Où est l'homme, où est le sage qui sait agir,
« souffrir et mourir sans faiblesse et sans ostentation ?
« — Où Jésus avait-il pris chez les siens cette morale

« élevée et pure dont lui seul a donné des leçons et
« l'exemple ? Du sein du plus furieux fanatisme la plus
« haute sagesse se fit entendre et la simplicité des plus
« héroïques vertus honora le plus vil de tous les peu-
« ples. La mort de Socrate, philosophant tranquillement
« avec ses amis, est la plus douce qu'on puisse désirer.
« Celle de Jésus expirant dans les tourments, injurié,
« raillé, maudit de tout un peuple, est la plus horrible
« que l'on puisse craindre. Socrate, prenant la coupe
« empoisonnée, bénit celui qui la lui présente et qui
« pleure. Jésus, au milieu d'un supplice affreux, prie
« pour ses bourreaux acharnés. Oui, si la vie et la mort
« de Socrate sont d'un sage, la vie et la mort de Jésus
« sont d'un Dieu. — Dirons-nous que l'histoire de l'E-
« vangile est inventée à plaisir ? Mon ami, ce n'est pas
« ainsi qu'on invente, et les faits de Socrate, dont per-
« sonne ne doute, sont moins attestés que ceux de Jé-
« sus-Christ. Au fond, c'est reculer la difficulté, sans la
« détruire ; il serait plus inconcevable que plusieurs
« hommes d'accord eussent fabriqué ce livre, qu'il ne
« l'est qu'un seul en ait fourni le sujet. Jamais des au-
« teurs juifs n'eussent trouvé ni ce ton, ni cette morale,
« et l'Evangile a des caractères de vérité si grands, si
« frappants, si inimitables, que l'inventeur en serait
« plus étonnant que le héros ! »

Et Voltaire comprit bien, lui aussi, la page que nous
venons de citer, comme une profession de foi véritablement chrétienne, car lorsqu'il l'eut sous les yeux, il
entra dans une violente colère : « Rousseau, s'écria-t-il,
« Rousseau est le Judas de la confrérie ! Le Vicaire sa-
« voyard est digne de toutes les peines imaginables !
« Quel temps, grand Dieu ! a-t-il pris pour rendre notre

« philosophie odieuse ? Le temps même où elle allait
« triompher. » (*Corresp. génér.*, 1762.)

A Genève, l'effet des paroles de Rousseau fut puissant sur le cœur des citoyens ; il ranima chez un grand
nombre le sentiment religieux détruit par les sarcasmes
et les sophismes de Voltaire. Des hommes qui ne voulaient point entendre la défense du christianisme de la
bouche des pasteurs, *parce qu'ils ne faisaient que leur
métier, étant payés pour cela*, rafraîchissaient leur âme
à la lecture de l'*Emile*. Néanmoins, comme l'*Emile* niait
les miracles de Jésus-Christ, les pasteurs ne pouvaient
l'accepter tel quel, et M. Vernes, entre autres, accom-
pagna le morceau sur les Evangiles d'observations qui
sont un type admirable de controverse éloquente et digne en même temps. Il réimprime le fragment que nous
avons transcrit, puis il ajoute : « *Oui*, cher compatriote,
votre peinture des Evangiles est admirable. Mais si
Jésus n'a pas fait les miracles, toute cette beauté n'est-
elle pas flétrie ? — Que devient la *piété* de Jésus, s'il
usurpe un titre qu'il ne tient point du Dieu qu'il sert et
qu'il invoque ? — Que devient le support de Jésus pour
les pécheurs, si ce n'est pas avec une autorité divine
qu'il leur dit : *Vos péchés vous sont pardonnés.* — Que
devient l'humilité de Jésus ? se dire sorti du sein du
Père ! L'orgueil le plus effréné porta-t il plus loin ses
téméraires prétentions ? — Que devient l'*affection* de
Jésus pour ses disciples ? il les fait tout quitter pour le
suivre, et il les trompe par des promesses qu'il sait bien
ne pouvoir tenir. — Si Jésus n'est pas le distributeur
des grâces immortelles, sa plus belle parole : *Que votre
cœur ne se trouble point, il y a plusieurs demeures dans
le ciel et je vais vous y préparer des places*, est donc le

plus odieux des mensonges ? — Pour moi, je l'appelle
le Fils unique qui était dans le sein du Père, parce que
j'ai connu qu'il est un Docteur venu de Dieu, car nul ne
peut faire les œuvres qu'il fait si Dieu n'est pas avec
lui. »

La discussion, réduite à ces proportions, eût tourné
tout entière à l'avantage de l'Evangile, et l'on aurait
vu la religion naturelle de Rousseau ramener peu à peu
les incrédules au christianisme révélé, si une politique
aussi violente que maladroite n'était venue se jeter à la
traverse. Nous voulons parler de la condamnation de
l'*Emile* et de sa destruction par la main du bourreau.

Les auteurs de la condamnation de l'*Emile* firent par
cet acte preuve de peu de clairvoyance et de prudence :
nous n'avons pas à nous occuper de ses suites au point
de vue politique, mais en tout cas il nuisit considérablement à la religion dans Genève.

Dès son apparition, cet ouvrage avait été accueilli par
un mandement désapprobateur de l'archevêque de Paris;
le 11 juin 1762, le parlement l'avait condamné à être
brûlé par la main du bourreau. Le 18 juin, le Conseil
genevois reçut de M. de Sellon, représentant de la république à Paris, le texte de ce jugement. Aussitôt, sans
consulter l'opinion publique ni le Consistoire, le procureur général Tronchin, que nous avons vu si énergique contre les libelles de Ferney, cède à l'influence
française bien évidente dans toute cette affaire ; le Conseil se laisse aller au désir de faire quelque chose d'a-
gréable à la cour de Versailles ; il ne sait pas résister
aux petites rancunes qu'il garde à ceux des Genevois
qui aiment Rousseau, et le *lendemain* du jour où il a reçu
l'arrêté de Paris, le 19 juin 1762, sans prendre la peine

de formuler une opinion, empruntant dans ses considérants le jugement et les paroles même de l'archevêque de Paris, il décide que l'*Emile* sera lacéré et brûlé par l'exécuteur de la justice. Voici comment un témoin oculaire raconte cet acte, qui eut lieu le *jour même :*

« Le 19 juin, une délégation du Conseil se transporta
« sur les degrés placés devant la façade de l'hôtel de
« ville, où l'on prononçait les jugements. L'exécuteur
« attisait un brasier. La proclamation concernant l'*E-*
« *mile* avait amassé une foule considérable ; la sentence
« fut lue à haute voix : le bourreau déchira lentement
« les pages du livre et les jeta sur le feu. Au lieu des ap-
« plaudissements qui éclataient naguère lorsqu'on brû-
« lait les saletés du *vieux diable de Ferney*, on voyait
« une rage muette, une stupéfaction profonde sur le vi-
« sage des citoyens, et il était facile de prévoir à quel
« débordement de haines politiques Genève allait être
« livrée. »

Ce qui blessait surtout le cœur des citoyens, c'était l'influence positive de la France : on avait vu le résident auprès des magistrats ; il avait obtenu communication du jugement avant son exécution, et il le transmit à Paris comme un témoignage de la bonne volonté de Genève. Si l'on trouvait juste la condamnation des ouvrages de Voltaire où débordaient l'immoralité, l'impiété, l'ironie et l'injure, on ne pouvait aisément consentir à placer au même rang les œuvres de Rousseau, qui, en attaquant quelques idées chrétiennes, le faisaient avec tout le sérieux et le respect exigés par un semblable sujet : on trouvait étrange surtout que certains magistrats, amis déclarés de Voltaire et s'opposant toujours à la condamnation de ses livres, eussent réservé pour

leur concitoyen une rigueur exceptionnelle et signé la
flétrissure imprimée à l'*Emile*. M. Pictet, membre des
Deux-Cents, publia une remontrance énergique à ce
sujet, mais il fut obligé de se retracter.

On se tromperait, néanmoins, si l'on croyait qu'une
émeute intellectuelle ou politique suivit la condamnation
de l'*Emile*, les bons Genevois étaient las des discussions
sociales et durant une année l'affaire fit peu de bruit,
mais la lettre par laquelle au mois de mai 1763 Rousseau renonçait à la bourgeoisie, souleva les esprits.
La ville entière prit parti pour ou contre Rousseau : les
citoyens représentèrent que la condamnation des mauvais
livres ne devait avoir lieu que sur le rapport du Consistoire, et que ce corps n'avait pas été consulté. Le Conseil
répondit que le Consistoire, consulté après coup, avait
déclaré qu'on n'avait point violé ses droits. Le Conseil
ajoutait que l'*Emile* était d'autant plus dangereux, qu'il
était écrit dans le style le plus séducteur, qu'il avait
pour auteur un citoyen de Genève, et que, dans l'intention de celui-ci, il devait servir à l'instruction de la
jeunesse. Ces raisons ne parurent pas concluantes à
tout le monde. Neuf fois dans l'espace de trois ans les
citoyens réclamèreut le retrait de la condamnation du
livre de Rousseau : neuf fois ils reçurent une réponse
négative. Puis la question s'agrandit : les opposants
prétendirent qu'ils avaient le droit de porter au Conseil
des représentations sur divers objets, les Conseils ré-
pliquèrent qu'ils répondraient quand ils le trouveraient
bon ; et Genève se trouva de nouveau divisée en deux
partis acharnés l'un contre l'autre.

Rousseau était alors à Motiers-Travers. Exaspéré des
injures que plusieurs Genevois lui adressaient, il perdit

toute mesure, et, dans ses fatales *Lettres de la Montagne*, la colère lui fit envelopper dans ses attaques, la
religion elle-même qu'il avait si fort louée auparavant.
On comprend fort bien l'état d'irritation auquel ont cor-
respondu, dans l'esprit de Rousseau, ces pages aussi
futiles que violentes ; mais lorsqu'on cherche aujour-
d'hui à peser la valeur des arguments du philosophe
jeté hors des gonds, on a peine à se figurer, par exemple,
que tout ce qu'on y peut trouver de plus concluant contre les miracles, se réduit à ces ridicules déclamations :
« Les miracles, où sont-ils ? Jadis les prophètes fai-
« saient descendre à leur voix le feu du ciel, aujour-
« d'hui les enfants en font autant avec un petit mor-
« ceau de verre. Josué fit arrêter le soleil ; un faiseur
« d'almanachs va le faire éclipser. Les foires fourmil-
« lent de miracles : j'ai vu un paysan hollandais ral-
« lumer sa pipe avec son couteau ; en Syrie, il eût été
« prophète. J'ai vu quelque chose de plus fort, des aca-
« démiciens et des savants qui couraient aux convul-
« sions de l'abbé Pâris et revenaient convaincus. On
« n'est point parvenu aux limites de l'art de guérir ;
« qui sait ? on arrivera peut-être à remettre un mort
« sur ses jambes ; on a trouvé le secret de ressusciter
« des noyés, on parviendra à rendre la vie à des corps
« qu'on en avait privés. »
Les pasteurs, quoique séparés d'opinions sur les objets politiques, s'entendirent pour s'imposer un silence
absolu dans cette déplorable affaire, et ne dirent pas un
mot, en bien ou en mal, de la condamnation de l'*Emile*.
Cette ligne de conduite ne leur fut pas aisée à tenir.
Les citoyens voulaient les forcer à s'expliquer : leur attention était devenue si soupçonneuse que, durant ces

troubles, on allait au sermon, non pour s'édifier, mais pour savoir s'il serait prononcé un mot contre Rousseau. La plus lointaine allusion aux miracles était prise pour une attaque politique. Chaque *représentant*, ayant adopté la cause de Rousseau comme une affaire personnelle, ne pouvait souffrir qu'on ajoutât les dogmes révélés à la religion naturelle du philosophe ; chaque *négatif*, tenant à voir l'*Emile* lacéré en chaire comme il l'avait été sur la place de l'Hôtel-de-Ville, blâmait amèrement les prédicateurs modérés qui refusaient de faire descendre la chaire chrétienne au rôle de tribune politique. A la Sainte-Cène, nouveau scandale : dans un temple on voyait se presser le parti gouvernemental, tandis que dans un autre communiaient les seuls représentants. La lutte était d'autant plus vive que les deux partis n'étaient pas très-inégalement partagés sous le rapport numérique, quatre cents citoyens environ étant favorables à Rousseau, tandis que six cents appartenaient au parti contraire.

Plusieurs pasteurs genevois, MM. Vernet, Perdriau, Roustan, Claparède, Moultou, étaient restés en correspondance avec Rousseau, espérant le ramener, adoucir son cœur ulcéré, et se flattant d'éviter une rupture qui, selon leurs prévisions, ne pouvait qu'être funeste à la cause du christianisme à Genève. Leurs espérances furent trompées. La fureur des partis politiques l'emporta sur toutes les considérations, et lorsque survint la publication des *Lettres de la Montagne*, ils se virent contraints de rompre leurs relations avec Rousseau, mais ce fut par des lettres pleines de dignité, de douceur et de regrets, où ils déclaraient que leurs sentiments de chrétiens étaient trop grièvement froissés pour leur permettre de conserver avec lui leurs anciens rapports fraternels. Rousseau se trouvait malheureusement dans un de ces moments de crise où il n'avait pas une vue très-distincte du juste et de l'injuste : « M. Perdriau, écrivit-il, « si juste et si bon, est possédé de la rage cléricale ; « M. Vernet s'éloigne de moi, il va sacrifier au bel air « voltairien ; M. Roustan donnait des espérances, il « s'est traîné dans la fange; M. Vernes avait fait con- « cevoir la meilleure opinion de lui, c'est le plus hypo- « crite et le plus fanatique de mes détracteurs. » Ces injures de Rousseau avaient du reste à ses yeux une apparence de fondement. Le *vieux diable de Ferney*, imitant le style des ministres genevois, s'était hâté d'écrire un pamphlet adressé par les pasteurs à Rousseau; l'infortuné rêveur tint cette indigne brochure pour authentique. M. Vernes se justifia pleinement, et produisit même une déclaration du secrétaire de Voltaire ; Rousseau, néanmoins, ne voulut pas lui dire autre chose que ces mots : «Monsieur, vous êtes le plus digne ou le plus « vil des hommes. »

Lorsqu'on lit aujourd'hui, loin des passions du temps, les brochures écrites par les pasteurs pour réfuter soit l'*Emile*, soit les *Lettres sur la Montagne*, on est frappé de leur ton calme et mesuré ; à plus forte raison cette modération dut-elle se faire apprécier au moment du plus fort de la lutte. Cette conduite ramena plusieurs personnes aux sentiments chrétiens ; MM. Vernes, Mercier, Vernet, Claparède et Roustan furent considérés comme des médiateurs naturels entre le peuple et les magistrats, et grâce à la prudence en même temps qu'à l'activité de leur zèle, ils purent enfin amener les deux partis à se faire le sacrifice mutuel de leurs rancunes.

Cette réconciliation eut lieu en 1768, après six ans de disputes acharnées, elle produisit des résultats très-heureux pour l'Eglise de Genève qui avait rudement souffert des luttes politiques. Aussi la joie fut grande, lorsque les citoyens purent enfin prendre part de nouveau à la Sainte-Cène, réunis dans un même esprit, comme dans les mêmes temples.

XIII

LES PHILOSOPHES GENEVOIS ET VOLTAIRE

Caractère chrétien des philosophes genevois au XVIIIe siècle. — Abauzit, Calandrini, De Saussure, Tronchin, Odier, Tingry, De Luc, Bonnet. — Relations de Charles Bonnet et de Voltaire.

En France, les philosophes sensualistes étaient tous incrédules. A Genève, les disciples de cette école se montrèrent, au contraire, franchement chrétiens. Les médecins, les naturalistes, les géologues, peu soucieux d'imiter les allures de leurs confrères de Paris et de Berlin, prenaient hautement la défense de la religion, et manifestaient en toute occasion leurs croyances. Les exemples sont nombreux, et prouvent que, si Voltaire avait de l'influence sur des hommes légers ou superficiels, son action n'atteignait guère les penseurs d'élite. Cette circonstance, qui ne lui échappait pas, lui causait beaucoup de chagrin, aussi ne leur ménageait-il pas ses railleries. Un seul des philosophes genevois trouva grâce devant son ironie : ce fut Abauzit.

Abauzit, fils d'un réfugié français et naturalisé Genevois, était doué d'un véritable génie investigateur, et son caractère moral l'entourait d'un respect universel : on en peut juger par ce seul fait, qu'il mérita les louanges sans réserve de Voltaire et de Rousseau.

Un jour, un grand seigneur visitait Ferney : « J'ai fait, « dit-il, un bien long voyage pour voir un homme su- « périeur. — Vous êtes donc allé à Genève voir Abau- « zit ? » répondit Voltaire. Et Rousseau lui adresse le seul éloge sans restriction qu'il ait jamais accordé à une personne vivante : « Non, ce siècle de la philosophie « ne passera point sans avoir produit un vrai philoso- « phe. J'en connais un, un seul, j'en conviens ; mais « c'est beaucoup, et, pour comble de bonheur, c'est « dans mon pays qu'il existe. Savant et vertueux Abau- « zit, que votre sublime simplicité pardonne à mon « cœur un zèle qui n'a point votre nom pour objet ; « non, ce n'est pas vous que je veux faire connaître à « ce siècle indigne de vous admirer ; c'est Genève que « je veux illustrer de votre séjour. Ce sont mes conci- « toyens que je veux honorer de l'honneur qu'ils vous « rendent. Heureux le pays où le mérite qui se cache « est d'autant plus honoré ! Heureux le peuple où la « jeunesse altière vient abaisser son ton dogmatique « devant la docte ignorance du sage ! Vénérable et ver- « tueux vieillard, vous n'aurez point été prôné par de « beaux esprits : leurs bruyantes académies n'auront « point retenti de vos éloges ; au lieu de déposer, comme « eux, votre sagesse dans des livres, vous l'aurez mise « dans votre vie pour l'exemple de la patrie que vous « aimez et qui vous respecte. Vous avez vécu comme « Socrate, mais il mourut de la main de ses conci- « toyens, et vous êtes chéri des vôtres. »

Abauzit était profondément chrétien ; il avait pour

principe qu'une conviction religieuse n'est vraie qu'autant qu'elle réagit réellement sur la conduite morale, sur la dignité de caractère de celui qui la professe, et il se fit une sincère application de cette règle, à l'aide de laquelle, comme le philosophe athénien auquel le compare Rousseau, il parvint à corriger ses défauts naturels. C'est ainsi, entre autres, qu'à force d'énergie employée sur lui-même, il arriva à dompter assez une grave disposition à la colère, pour qu'on puisse citer de lui le trait suivant. Abauzit s'occupait avec le plus grand succès de l'étude de plusieurs points de l'histoire naturelle ; les variations du baromètre étaient alors l'objet d'une attention générale. Abauzit, qui ne publiait aucun fait sans l'avoir analysé à fond, travaillait depuis *vingt-sept ans* à recueillir des observations atmosphériques. Dans ce but, il avait disposé dans son cabinet un baromètre fixé contre une large paroi, et le papier qui la recouvrait s'était jour par jour couvert de notes indiquant tous les phénomènes constatés à l'aide de l'instrument. Une servante nouvellement installée vient ranger ce cabinet en l'absence du maître ; celui-ci, en rentrant, pousse une exclamation : « Qu'avez-vous fait de « ce papier qui était autour du baromètre? — Holà ! « Monsieur, il était si sale que je l'ai brûlé, et j'ai mis « à la place celui-ci, qui est tout battant neuf. » Abauzit se croisa les bras, et, après quelques secondes de lutte intérieure, lui dit du ton le plus calme : « Vous « avez détruit vingt-sept ans de travaux... à l'avenir ne « touchez à rien dans ce cabinet. »

Abauzit fut du reste essentiellement un homme d'étude ; il ne prit pas une part active et personnelle à la grande lutte de la philosophie et du christianisme, et se borna à publier quelques remarquables brochures sur diverses questions d'un ordre général, sans faire de polémique directe avec ses adversaires.

Ses confrères les naturalistes et les médecins se montraient plus tranchés et plus positifs dans leurs appréciations religieuses. Tous, sans exception connue du moins, furent chrétiens, non pas de ces croyants qui dissimulent leur foi lorsqu'ils écrivent pour des incrédules, mais de ceux qui savent l'honorer aux yeux de tous, et prendre au besoin la plume pour la défendre directement. Si cette observation s'appliquait à des savants dont la réputation toute locale n'eût pas franchi les six lieues carrées d'espace qu'occupait la petite république genevoise, elle n'aurait que peu d'importance. Mais les naturalistes genevois, par leurs travaux, leurs découvertes, et grâce à la marche rapide qu'ils surent imprimer à certaines parties de la science, possédaient une haute position dans les académies et les journaux du XVIII⁰ siècle. Dans la géologie, De Luc et De Saussure ; Charles Bonnet et Abraham Trembley, dans l'histoire naturelle ; Odier, Tingry, Vieusseux, Tronchin, dans la médecine, étaient connus et appréciés de toute l'Europe savante. Or, ces hommes distingués professèrent hautement le christianisme, qui se retrouve comme une partie intégrante de leur pensée, soit au chevet des malades, soit dans les leçons publiques, soit dans les publications qui rendent compte des découvertes de la science au monde incrédule et sceptique de l'époque.

On eût donc pu, pour la rapporter aux savants genevois, retourner avec vérité le sens de la phrase que, dans l'*Encyclopédie*, d'Alembert avait avec tant de légèreté appliquée aux pasteurs, et dire : « A Genève,

« chez tous les savants, l'adhésion la plus complète aux
« dogmes évangéliques les distingue de leurs confrères
« de France et d'Allemagne. »

Voltaire, on le comprend, était peu satisfait de ces
dispositions ; il eût mis un plus grand prix à l'encens
que lui dérobaient ces penseurs sérieux, qu'aux applaudissements d'esprits légers dont il n'était flatté qu'un
instant ; suivant son procédé ordinaire, il ne manquait
pas une occasion pour essayer de les ridiculiser. Ainsi
il appelle Trembley *le père l'escarbotier*, et c'est de son
style religieux qu'il se moque lorsqu'il dit (Evangile du
jour, p. 204) : « Moi aussi, j'adore l'intelligence su-
« prême dans un colimaçon et dans les millions de so-
« leils allumés par la puissance éternelle. » Lorsque De
Saussure et De Luc établissent que la mer a recouvert
les Alpes et mentionnent les débris qu'elle y a laissés,
il écrit : « Donc le monde n'a été peuplé que de pois-
« sons, donc lorsque les eaux se sont retirées et ont
« laissé le terrain à sec, les poissons se sont changés
« en hommes ! Cela est fort beau, mais j'ai peine à croire
« que je descende d'*une morue*. »

De tous les savants genevois, celui que Voltaire poursuivit avec le plus d'acharnement fut Ch. Bonnet. Bonnet, tout en adoptant la philosophie de Condillac, a été
le chrétien peut-être le plus convaincu qu'ait offert
l'Eglise de Genève. Son respect pour la Divinité fut tel
que le nom de Dieu se trouve toujours écrit en grandes lettres jusque dans ses plus intimes correspondances, et son amour pour les croyances évangéliques lui fit
publier une *Défense du christianisme* qui est l'apologie la plus complète qu'on puisse présenter de la religion de Jésus-Christ. Charles Bonnet faisait peu de cas

de la science de Voltaire, et ses sarcasmes sur les nouvelles découvertes ne l'étonnaient pas de la part d'un
« *garçon naturaliste qui*, disait-il, *traitait le monde
extérieur comme la Bible.* » Le naturaliste de Genthod
ayant publié un mémoire sur les *Feuilles*, où il établis-
sait la volonté divine dans les lois de la création, Voltaire lui joua un tour d'écolier en faisant réimprimer
une partie de ce travail avec de *légères* modifications :
lorsque Bonnet parlait de *Dieu*, Voltaire mettait la *nature* et les *forces aveugles du destin* à la place de la
volonté intelligente du Créateur. Mais Bonnet ne jugea
pas à propos de relever cette mauvaise plaisanterie.

Lorsque, en 1769, il publia la *Palingénésie*, Voltaire,
indigné de ce qu'un auteur qui vivait dans son voisinage eût osé écrire en faveur de la religion contre laquelle il épuisait ses railleries, s'empressa de chercher
à ridiculiser à la fois le livre et l'écrivain, jugeant cela
plus aisé que de le réfuter. Dans la préface d'une brochure intitulée *Dieu et les hommes*, il leur consacra les
lignes suivantes : « Etrange imagination de Charles Bon-
« net ! Je ne sais quel rêveur nommé Bonnet de Gen-
« thod, dans un recueil de facéties appelé par lui *Pa-
« lingénésie*, paraît persuadé que nos corps ressuscite-
« ront sans estomac. » — Puis vient la plus ignoble paro-
die de ces paroles de Jésus-Christ : « Après la résurrec-
« tion, on ne se mariera point, mais on sera comme les
« anges dans le ciel... » — « Nous aurons donc des fibres
« intellectuelles et d'excellentes têtes. Celle de Bonnet
« me paraît un peu fêlée, il faut la mettre avec celle de
« notre Ditton : je lui conseille, quand il ressuscitera,
« de demander un peu plus de bon sens et des fibres
« un peu plus intellectuelles que celles qu'il eut de son

« vivant. Mais que Ch. Bonnet ressuscite ou non, Mi-
« lord Bolinbrocke, qui n'est pas encore ressuscité,
« nous prouvait pendant sa vie comment toutes ces chi-
« mères tournaient la tête à des idiots, subjugués par
« des enthousiastes. » — Cette brochure était à l'impression lorsqu'une personne qui fréquentait Ferney
supplia Voltaire de modifier ces paroles : il y consentit,
tout en ajoutant « qu'il ne pouvait souffrir les gens qui
« prenaient la défense de cette religion. » La personne
en question ayant rapporté ces détails à Charles Bonnet, celui-ci la pria de dire à Voltaire « qu'il préférait
« ses railleries à ses éloges, et que si Voltaire réimpri-
« mait sa brochure, il l'obligerait en rétablissant le
« texte primitif. » Voltaire n'eut garde d'y manquer,
et dans une autre occasion il dit, en parlant du philosophe genevois : « Figurez-vous un certain Bonnet de
« Genthod. Connaissez-vous cette célébrité? Non. Je
« n'ai pas de peine à le croire, il est assez ignoré pour
« cela. Croiriez-vous que ce Monsieur admet la résur-
« rection des corps? Ce sera un drôle de spectacle au
« dernier jour, dans les cimetières et sur les champs
« de bataille, lorsque les ressuscités se disputeront les
« bras et les jambes qui leur manqueront! » Bonnet dit
à ce sujet : « Il paraîtrait que M. de Voltaire n'a aimé
« personne dans ce monde, il n'a su regretter ni son
« père ni sa mère, car si son âme était susceptible d'un
« attachement ou d'un regret, il n'aurait pas le triste
« courage de plaisanter sur les plus douces espérances
« des malheureux et des déshérités de ce monde. »
Plus tard il prononça sur son antagoniste un jugement
qui n'était pas propre à le faire rentrer en faveur auprès de lui : « Je n'ai guère lu, dit-il, des tragédies du

« seigneur de Tournay qu'*Alzire* et *Zaïre* ; vous voyez
« que je m'en suis tenu à ses chefs-d'œuvre. J'ai par-
« couru ses ouvrages en prose ; je l'ai vu terrasser
« cette idole (Rome) dont on baise les pieds, et porter
« ensuite sur la croix ses mains sacriléges ; je l'ai vu
« chercher à la Chine des arguments contre Moïse et
« puiser dans les almanachs, des calculs contre Daniel ;
« je l'ai vu remplir les montagnes de pétrifications en
« dépouillant les pèlerins et les cuisines des grands
« seigneurs ; je l'ai vu commenter Locke qu'il n'a ja-
« mais lu et insulter à Leibnitz qu'il ne peut entendre ;
« je l'ai vu expliquer Newton par vanité et critiquer
« Montesquieu par jalousie ; je l'ai vu déchirer Fréron
« et Pompignan, l'un parce qu'il a trop d'esprit, l'autre
« trop de religion ; je l'ai vu représenter Maupertuis
« aplatissant de sa main savante le globe de la terre et
« l'inonder ensuite de ses sarcasmes.... etc. »

Il faut avouer qu'il y en avait assez pour mettre hors
des gonds un homme essentiellement irritable, et cependant Voltaire conserva au fond, pour Bonnet, une considération qui le portait à s'informer soigneusement des
faits et gestes de son adversaire, et il ne cachait qu'à
demi sa satisfaction lorsqu'il apprenait que quelques
paroles honorables sorties de sa bouche avaient été répétées à Genthod.

Les philosophes et les savants étant chrétiens à Genève, il pourrait sembler que le peuple de cette ville
dût être victorieusement préservé de l'irréligion par
l'exemple des élus de la science et de la pensée ; mais
tous ceux qui s'occupent d'éducation savent que, pour
les jeunes hommes élevés au milieu des plus nobles
exemples et des meilleures doctrines, il suffit d'un seul

mauvais conseil pour les entraîner au mal. Le même phénomène se présente chez les grandes familles qu'on appelle *peuples*. Dans la ville natale, comme dans la maison paternelle, on éprouve qu'en morale aussi bien qu'en médecine, le mal vient au galop et s'en retourne au pas.

XIV

RESISTANCE DES PASTEURS GENEVOIS A LA PRESSE VOLTAIRIENNE.

Plan de la Vénérable Compagnie des Pasteurs pour combattre les brochures de Ferney. — Jacob Vernet et les imprimés de Voltaire. — Jacob Vernet dans le carrosse de Voltaire. — M. Perdriau aux Délices : le pasteur et la brebis. — Le ministre Roustan. — Sermons patriotiques du professeur Claparède. — Colportage religieux. — La lettre chrétienne au diner de Voltaire. — Le pasteur Picot loué chez Voltaire. — Le professeur Claparède et le chapitre de saint Paul touchant la charité.

Lorsque les pasteurs genevois entreprirent la défense de leur Eglise contre les arguments et les plaisanteries de Voltaire, ils firent volontairement le sacrifice de toute paix en ce monde, sachant bien que la lutte durerait autant que leurs forces et leur vie. Elle s'ouvrit par un mandement dans lequel la Compagnie annonçait à ses membres qu'elle verrait avec plaisir que quelques pasteurs entreprissent de réfuter les attaques de Voltaire contre l'Evangile et la Réforme, en observant les règles les plus exactes de la modération et de

la vérité, « car plus nos adversaires s'abaissent aux in-
« jures, plus nous devons nous élever dans notre lan-
« gage, afin qu'on voie en nous l'esprit de notre Maî-
« tre. » On arrêta que, dans les sermons proprement
dits, on insisterait sur la certitude d'une autre vie, sur
les devoirs moraux et sur leur *existence* (!) ; que, dans
les catéchismes, on ramènerait sans cesse l'instruction
sur la personne du Sauveur et les sentiments qui lui
sont dus, afin de combattre les tendances railleuses qui
flétrissent chez les jeunes gens la vénération et le culte
dus à Jésus-Christ. Les ecclésiastiques habiles à manier
la plume devaient, dans des ouvrages et des traités
aussi brefs que possible, défendre la divinité des Ecritures et les miracles qui en sont la preuve pour les
hommes.

Le plan était logique et sage. Toutefois, dès l'abord,
on pouvait deviner que le rôle de la défense serait plus
difficile que celui de l'attaque. Les objections se font en
trois mots, et les réfutations sont nécessairement très-
longues ; cependant cet obstacle fut souvent surmonté
avec habileté, et même plus d'une fois les rôles chan-
gèrent, et l'agresseur se trouva à son tour attaqué dans
son camp, et avec ses propres armes. Mais une autre
cause d'insuccès tenait au caractère des pasteurs, et à la
nature de leurs écrits : décidés à en appeler seulement à
la froide raison, et à ne se départir jamais d'une modération vraiment chrétienne, ils attiraient comparative-
ment beaucoup moins l'attention que les saillies de l'i-
ronique esprit qu'ils avaient pour adversaire. « Allez,
avait dit celui-ci, qui du premier coup avait compris la
« position, allez, vieilles perruques ! ce n'est pas votre
« plate douceur qui vous tirera de mes griffes ! »

Ce fut M. Vernet qui le premier tomba sous sa griffe, c'est-à-dire sous ses épigrammes. Il avait publié deux petits traités, courts, serrés, bien raisonnés, contre les assertions de Voltaire, relatives aux miracles. Voltaire pour se venger, publia en 1760, un libelle intitulé : *Dialogue chrétien, ou préservatif contre l'Encyclopédie, par M. V., professeur à Genève.* Ce pamphlet débute par quelques pages sérieuses, puis tourne graduellement à l'incrédulité, et enfin M. Vernet, qui est censé l'interlocuteur, avoue qu'il ne croit pas en Dieu, et déclare que tous ses collègues sont des hypocrites ou des individus immoraux faisant leur métier pour l'argent qu'il leur rapporte. — Le Conseil d'Etat ordonna que tous les exemplaires qui pourraient être saisis seraient brûlés par la main du bourreau, et la générosité de Voltaire à faire distribuer ce libelle avait été si grande que, le jour de l'exécution (17 septembre), on put croire un instant, aux Rues-Basses, qu'il y avait un incendie à l'hôtel de ville. Une proclamation des syndics et du Consistoire rendit, en outre, pleine et entière justice à M. Vernet : « A votre aise, Monsieur le « professeur ! dit alors Voltaire, vous devez être bien « satisfait. Le Conseil a déclaré que vous n'avez ni tué, « ni mis la main dans la poche d'autrui. »

Quelques années plus tard, c'était en 1766, et à la suite de divers travaux pleins de douceur et de jugement, par lesquels M. Vernet avait de nouveau réfuté Voltaire, celui-ci eut recours à une nouvelle machination. Il publia, soit dans la *Guerre civile de Genève*, soit dans une lettre imprimée sous le nom de R. Covelle, la note suivante : « Vernet, professeur en théologie, très- « plat écrivain, fils de réfugié. — Nous avons des lettres

13

« originales de lui, par lesquelles il prie M. de Voltaire
« de vouloir bien lui confier l'édition de l'*Histoire uni-*
« *verselle* et l'accepter pour correcteur d'imprimerie. Il
« fut refusé et se jeta dans la politique. »

Cette affaire causa beaucoup de scandale : un professeur de théologie de Genève avoir sollicité d'imprimer
l'*Essai sur l'Histoire universelle*, qui fourmille d'erreurs
et de calomnies contre la religion ! La Compagnie voulut
éclaircir cette accusation ; heureusement M. Vernet,
homme de beaucoup d'ordre, avait soigneusement con-
servé les lettres de Voltaire et ses réponses. Ces pièces
authentiques prouvèrent d'abord que Vernet avait été
sollicité par Voltaire de soigner l'édition de l'*Histoire
universelle*, comme il avait soigné celle de Montesquieu;
ensuite que Vernet, après y avoir découvert des erreurs
et des attaques *contre le christianisme*, avait prié l'auteur d'accepter ses rectifications, et, sur son refus, avait
abandonné l'ouvrage, en exprimant à Voltaire son blâme
et son regret. Le Conseil publia un nouvel arrêté dans
lequel il donnait une approbation formelle au professeur Vernet.

Quelques jours plus tard, celui-ci apprenant que Voltaire nie tout haut la réalité de ces faits et lit à ses amis
des lettres supposées qui donnent à Vernet tous les
torts, il se rend à Ferney où il est reçu avec une politesse affectée ; il profite de la présence au salon d'un
assez grand nombre de personnes, sort de son porte-
feuille deux lettres relatives à l'impression de l'*Histoire
universelle* et en lit une. Voltaire l'interrompt : « Qu'est-
« ce que cela prouve ? — Cela prouve que vous avez
« tort de dire que j'ai sollicité l'impression de votre ou-
« vrage ! — Allons, vous avez raison : nous avons tous

« de vieux péchés et de vieilles paroles à nous repro-
« cher ; touchez là et qu'il ne soit plus parlé de cette
« affaire ; dînez avec nous. » — M. Vernet refusa et
voyant qu'il ne pourrait rien obtenir, se retira. Voltaire
le pressa d'accepter son carrosse qui ramenait en ville
deux hôtes de Ferney. Arrivé à la porte de Cornavin,
M. Vernet veut descendre : le cocher qui a ses ordres
n'écoute rien, fouette les chevaux, traverse Coutance
au grand trot et vient s'arrêter au milieu de la place de
Bel-Air. La foule s'amasse comme d'ordinaire, et la
stupéfaction est grande quand du carrosse de Voltaire
on voit descendre M. Vernet. Déjà plusieurs personnes
se hâtaient de déclarer la chose scandaleuse, mais Vernet eut bientôt sa revanche : « Monsieur le professeur,
« vous n'avez pas de commission pour M. de Voltaire? lui
« dit ironiquement un des amis du philosophe. — Je
« vous demande pardon ; veuillez dire à votre hôte que
« je suis charmé de ce que sa petite malice m'ait fourni
« l'occasion de répéter devant mes concitoyens ce qu'il
« vient de m'avouer devant vous à Ferney, c'est que
« ses calomnies à mon égard sont de vieux péchés qu'il
« espère qu'on voudra bien oublier. » Le personnage
ne dit mot et Vernet compléta la confusion des gens du
carrosse par les explications qu'il donna à ceux qui en-
touraient la voiture.

M. le pasteur Perdriau eut aussi le privilége de s'attirer la rancune particulière de Voltaire pour avoir déclaré dans un sermon « que les idées d'un grand philo-
« sophe du voisinage étaient fort confuses touchant la
« Divinité, » et pour avoir réfuté à l'aide de la théorie
de la liberté morale de l'homme, les armes que ce
philosophe se forgeait contre l'existence d'un Dieu puis-

sant, sage et bon, en attribuant à son œuvre le caractère « d'un cloaque épouvantable de misères et de for-
« faits. » Un peu plus tard, M. Perdriau, qui était pasteur de l'église du Petit-Saconnex, faisant sa visite de
paroisse (il devait, selon la loi, inscrire sur son registre tous les habitants de sa circonscription), se présente
aux Délices, demande le secrétaire et lui explique le
motif légal de sa venue. Le secrétaire communique la
chose à Voltaire, qui était au salon, entouré d'une nombreuse compagnie : « Faites entrer, dit-il, ce pasteur
« de l'église de Saconnex, de cette église *où j'ai un banc.* »
M. Perdriau entre : frappé de sa figure, dont l'expression était simple et douce, Voltaire lui dit : « Qui êtes-
« vous, Monsieur? — Monsieur, ainsi que M. Va-
« gnières a dû vous le dire, je suis le pasteur de la pa-
« roisse. — Vous, pasteur !..... je vous aurais pris
« plutôt pour une brebis. » Eclat de rire général après
lequel M. Perdriau répond : « Monsieur, le pasteur vous
« aurait peut-être répondu, mais la brebis restera
« muette. » Voltaire prend son parti de rester court
cette fois, ce qui ne lui arrivait pourtant pas souvent;
il lui tend la main, puis il lui dit : « Voyons, vous avez
quelque chose à faire avec ce gros livre? — Oui,
« Monsieur, je dois inscrire toutes les personnes qui
« habitent cette maison. — Eh bien ! commencez par
« le maître. Ecrivez : J.-Marie Arouet de Voltaire, gen-
« tilhomme ordinaire du roi. — C'est fait, Monsieur !
« — Ensuite, catholique apostolique et bon romain. —
« Pas tant, Monsieur, pas tant! dit M. Perdriau, tenant
« sa plume en l'air. — Pas tant! Ecrivez, vous dis-je.
« — Impossible, Monsieur, la page est finie après *gen-*
« *tilhomme ordinaire du roi;* il n'y a plus de place pour

— 149 —

« les autres titres. — Ah çà ! Monsieur Perdriau, avec
« votre figure de mouton, vous êtes un malin.... Touchez
« là et dînez avec nous. » — M. Perdriau refusa et se retira. Le lendemain il vit arriver chez lui Vagnières por-
teur d'une pile de piastres que Voltaire lui envoyait
pour les pauvres de sa paroisse. « Remerciez M. de
« Voltaire, lui dit-il, et dites-lui qu'il vaut mieux pour
« lui de faire bénir Dieu avec son argent que de le faire
« maudire avec ses écrits ! » Vagnières osa-t-il rapporter ces mots à son maître ? Je ne sais, mais dès lors
Voltaire fit remettre souvent de fortes sommes pour les
pauvres du Petit-Saconnex.

Un autre ecclésiastique genevois, M. Roustan, soutint
avec Voltaire une discussion des plus vives, et ses écrits
lui firent passer de mauvais moments, si l'on en juge
par le torrent d'injures qu'il lui prodigue en maintes
occasions.

Voici comment Antoine Mouchon décrit cette lutte :
« La majorité des citoyens flottent encore indécis en-
« tre la foi de leurs pères et l'incrédulité des philoso-
« phes. Ils ont peur de Voltaire et de ses satellites.
« Honneur donc à ceux qui se mettent au-dessus des
« polissonneries du vieux diable de Ferney. Notre bon
« Roustan est de ce nombre : il ne craint pas de saisir
« le taureau par les cornes. Il vient de publier une sé-
« rie de lettres sur le christianisme, ouvrage rempli de
« traits lumineux et de réflexions victorieuses qui font
« honneur à la touche mâle et hardie de l'auteur. —
« Ces lettres ont fait éclore une lettre de Voltaire où
« il raille M. Roustan d'une manière assez plate :
« M. Roustan, enlevons une lettre de votre nom , vous
« devenez *Rustan*, ce qui peint votre caractère..... Votre

13.

« style ressemble beaucoup, pour la grâce, aux vieux
« souliers que fabriquait votre père... vous n'auriez
« pas dû sortir de son échoppe de savetier.»—Roustan
« a répliqué par deux nouveaux traités, intitulés : *Ré-*
« *ponse aux difficultés d'un théiste*, et : l'*Impie démas-*
« *qué*. Dans la préface de ce dernier, il s'honore de de-
« voir le jour à un honnête homme, et prie M. de Vol-
« taire de laisser en paix les cendres de son père ; il
« l'assure qu'il ne voit rien de si plaisant dans l'état de
« cordonnier ; il lui affirme qu'il n'achètera pas le moin-
« dre petit domaine pour ajouter un nom de terre au
« nom paternel, et lui demande si, par hasard, il trou-
« verait que lui, Roustan, ferait un bien beau trait
« d'esprit en lui ôtant son *T*, au lieu d'*Arouet* le laissant
« *Aroué* de Voltaire »

Ce qui vexa le plus Voltaire, ce fut cette apostrophe
de Roustan : « Monsieur, vos paroles sont dignes de la
« société qui se rassemble autour de votre table. Quand
« nous aurons prouvé la vérité du christianisme , nous
« savons qu'il est impossible de demander à vos jolis
« messieurs et à vos élégantes dames d'interrompre la
« lecture de vos petites œuvres et leurs petits soupers
« pour s'occuper de leur Créateur, de leur âme, de
« leurs fautes, et de Celui qui peut seul les pardonner.
« En effet, il n'y a pas là le moindre mot pour rire, et
« c'est surtout pour rire que nous sommes en ce monde.
« Passe encore qu'on se désespère quand un acteur
« parfait, une actrice délicate sont attaqués d'un rhume
« qui les empêche de jouer ! Mais dans ce siècle philo-
« sophe, tout honnête homme doit être ravi qu'on lui
« prouve qu'il est le frère aîné de la brute, et qu'il
« finira sa brillante existence entre quatre planches de

« sapin. Cela importe peu, pourvu qu'on puisse se
« plonger dans toutes sortes de débauches, enlever
« l'honneur à son meilleur ami, ou faire des épigram-
« mes sur Jésus-Christ entre la poire et le fromage.
« C'est ainsi que, dans les cours de Charles II et du
« régent de France, on a su jouir de la vie, et vous,
« les descendants de ces messieurs, vous êtes dignes
« de ces maîtres. » — Dans une autre lettre, Roustan,
examinant les sources de l'incrédulité, dénonce comme
la principale les abus de la religion romaine ; il lui demande un compte sévère de toutes les idées fausses dont
elle a revêtu le christianisme, et de toutes les horreurs
dont elle l'a rendu responsable aux yeux des hommes ;
mais, toujours équitable dans ses jugements, il supplie
ses lecteurs de ne pas confondre les catholiques avec le
papisme, « parce que, dit-il, beaucoup d'entre eux va-
« lent mieux que leur religion, comme beaucoup de
« protestants sont au-dessous de la leur. »

Le professeur Claparède porta la lutte sur un autre
terrain, et chercha surtout à parler au cœur des Genevois, à faire vibrer leur patriotisme en leur rappelant
tout ce qu'ils devaient à cette foi chrétienne que Voltaire poursuivait de ses sarcasmes. On peut citer comme
exemple de sa prédication cette rapide péroraison d'un
de ses discours : « Je vous retracerai brièvement les
« fléaux qui désolent l'Europe. Des armées innombra-
« bles descendent du nord au midi ; une flotte formi-
« dable, après un circuit de mille lieues, presse la ca-
« pitale du plus vaste empire ; les couronnes s'ébran-
« lent de tous côtés ; la famine, la peste exercent en di-
« vers lieux leur cruelle influence ; la terre est un théâ-
« tre de révolutions qui s'enchaînent les unes aux autres,

« et Genève, la petite Genève, subsiste encore. Pourquoi
« les souverains la laissent-ils debout? C'est qu'elle est
« un foyer de religion qui a éclairé plusieurs peuples,
« c'est qu'elle doit à la religion son crédit, sa splendeur,
« son existence. — Vous donc, citoyens genevois, en
« abandonnant cette religion, n'abandonnez-vous pas
« votre pays? — Les Juifs disaient : Peut-il sortir quel-
« que chose de bon de Nazareth?... Que sont devenus les
« Juifs? Et pensez-vous que si Genève éteint volontai-
« rement les rayons du soleil de justice qui brille en-
« core sur sa couronne, elle ne descendra pas, comme
« les nations d'autrefois, dans les sombres demeures des
« ténèbres et de l'oubli? »

Toutes ces prédications immédiatement imprimées et
répandues, à profusion dans le pays ainsi que les diverses brochures que nous avons mentionnées, irritaient
d'autant plus la cour de Ferney que l'on se servait contre
Voltaire des mêmes armes dont lui-même avait enseigné
l'usage. Des colporteurs zélés et adroits répandaient partout ces écrits chrétiens, dans les maisons, les boutiques et les ateliers. On alla même plus loin et l'on
rendit exactement au philosophe la monnaie de sa pièce.
— J'ai parlé d'un pamphlet intitulé : *Lettre d'un proposant à M. le professeur de Roches*, dans lequel Voltaire
avait condensé toutes ses railleries contre Moïse et l'E-
vangile. M. Vernes et M. Claparède, profitant de ce que
l'attention publique était fixée sur ce sujet, répondirent
à Voltaire par une lettre qui concentre en quelques
mots les principaux arguments relatifs à la divinité du
christianisme. — « Vous placez mal vos sympathies...
« écrivaient ces Messieurs, car les Egyptiens, pères de
« la science, adoraient les serpents et les légumes. —

« Athènes et Rome, mères de la philosophie et des arts,
« adoraient tous les vices et toutes les passions. — Vos
« Chinois, que vous aimez par-dessus tout, immolent
« leurs enfants et abrégent les jours de leurs vieillards.
« — A notre tour, nous voulons vous poser quelques
« brèves questions, vous priant d'y répondre aussi lon-
« guement qu'il vous plaira. — Comment douze bate-
« liers et péagers juifs eurent-ils l'idée de changer la
« face du monde ? — Comment, s'ils étaient d'ambi-
« tieux fourbes, eurent-ils la bêtise de consigner par
« écrit tous leurs torts envers Jésus-Christ ? — Com-
« ment, sans être fous ou visionnaires, ont-ils pu se
« tromper sur les miracles de leur Maître ? — Comment
« des insensés et des visionnaires inventèrent-ils la
« doctrine et la morale qu'ils enseignèrent à l'univers ?
« — Comment des ouvriers et des idiots exécutèrent-
« ils ce que les Socrate et les Platon n'ont pas su faire,
« savoir le renversement de l'idolâtrie et la destruction
« des faux dieux ?

« C'est une grande affaire, Monsieur, que la conver-
« sion de l'univers. Voyons, Monsieur de Voltaire, vous
« qui n'êtes pas comme les apôtres, batelier ou visi-
« teur d'octroi, mais le plus grand esprit et le plus vaste
« génie de ce siècle, entreprenez une mission, prêchez
« par tout le monde le culte de ce qui est pur, de tout
« ce qui est honnête et digne de louange, sans offrir
« aux hommes d'autre motif que l'amour du beau et du
« bon, et dans trente ans venez nous raconter vos con-
« quêtes, les Eglises que vous aurez fondées et les na-
« tions que vous aurez converties ! » Cette petite brochure, contenant, comme on le voit, à peine une page
d'impression, mit Voltaire en fureur, voici comment. Un

domestique de son château fut gagné par des étudiants
en théologie, et un jour que Voltaire avait quarante-cinq
personnes à dîner, chaque convive trouva la *Réponse de
M. de Roches* dans sa serviette. On la lut, mais la figure du
maître exprimant une rage concentrée, et ses yeux lan-
çant des éclairs, ses hôtes gardèrent un prudent silence.

Nous pourrions prolonger nos citations, mais les faits
précédents suffiront pour donner une idée du caractère
de cette lutte où la foi et le bon sens avaient pour adversaire le plus redoutable esprit du siècle. Seulement,
pour être justes, nous devons ajouter que quelquefois
Voltaire témoigna moins d'hostilité et d'emportement
vis-à-vis des pasteurs genevois. Ainsi, un grand vicaire
de l'archevêque de Lyon qu'il avait à demeure à Ferney,
étant curieux d'assister à un *sermon hérétique*, se rendit un dimanche au Temple-Neuf, y entendit M. Picot
prêcher sur ces paroles de saint Jean : « Travaillons
pendant qu'il fait jour. » De retour à Ferney, enchanté
de l'éloquence et de la force des paroles de l'orateur, le
grand-vicaire le loua sans réserve devant Voltaire ;
M. Rieu, de Satigny, paroissien de M. Picot, était présent. « Mon cher Rieu, dit le philosophe, veuillez faire
« mes compliments à l'*abbé* Picot et lui dire qu'il a à
« peu près converti M. le grand-vicaire. — Ces éloges
« me touchent peu, répondit M. Picot, le lendemain,
« quand M. Rieu s'acquitta de sa commission ; mais
« dites à votre ami, si vous l'osez, que c'est sa con-
« version à lui que je voudrais essayer. »

Une autre fois, M. Claparède étant allé à Ferney en
compagnie de Vernes, qui connaissait intimement le
maître du logis, il le trouva dans son cabinet ayant entre
les mains..... une Bible. « Vous le voyez, Monsieur le

« professeur, dit Voltaire, moi aussi je m'occupe de
« l'Evangile. — Malheureusement oui, répondit M. Cla-
» parède, car je n'ose supposer que ce soit dans un
« autre dessein que de le travestir comme toujours. —
« Non pas, s'il vous plaît, non pas! Je lisais le treizième
« chapitre de la première Epître aux Corinthiens : il
« faudrait n'avoir ni cœur ni âme pour oser plaisanter
« sur cette description de la charité, qui contient les
« plus belles et les plus sainles paroles qui soient
« jamais sorties d'une bouche humaine! » M. Claparède
eût bien désiré pouvoir continuer la conversation sur
ce ton, mais elle fut interrompue par plusieurs personnes et elle changea aussitôt de cours. Du reste le professeur Claparède, en provoquant une discussion religieuse avec Voltaire, n'avait aucunement la prétention
d'agir sur son intelligence, il désirait rendre témoignage à la vérité chrétienne, en face d'un écrivain qui
souvent réduisait au silence des hommes amis de leur
religion, mais trop timides pour affronter les coups de
son impitoyable ironie.

XV

VOLTAIRE ET LE MINISTRE JACOB VERNES. MORT DE VOLTAIRE.

Relations littéraires de Voltaire et de Vernes, et amitié de Voltaire pour ce jeune ecclésiastique. — Vernes aux dîners de Voltaire. — Les objections à la Bible. — Le figuier stérile, le massacre des innocents, les vases d'or des Égyptiens, les prisonniers des Juifs torturés. — *Confidence philosophique* de Vernes. — Jugement du publiciste Linguet touchant ce livre. — Vernes et les vieux incrédules. — Désintéressement de ce pasteur. — Dernier voyage de Voltaire à Paris. — Ses derniers jours et sa mort décrits par les correspondants genevois. — Lettres de Beauchâteau, de Tronchin et de d'Alembert. — Situation de l'Église de Genève après la mort de Voltaire.

Les détails dans lesquels nous sommes entré jusqu'ici montrent que Voltaire aimait peu les Genevois : ne pouvant supporter la contradiction, surtout en matière de discussions religieuses, il ne témoignait de la sympathie et n'ouvrait son intimité qu'aux hommes qui applaudissaient à ses bons mots. Cependant nous avons déjà constaté une exception à ce fait en parlant de Moultou, et maintenant nous allons voir cette exception s'étendre à un autre Genevois, le ministre Jacob Vernes. Jusqu'en 1772, Voltaire lui conserva en effet, une amitié sincère, et même après l'avoir fort maltraité, il regretta vivement la rupture de leur ancienne liaison, puisque, quelques mois avant sa mort, il le faisait solliciter de revenir à Ferney.

Cette amitié de Voltaire s'explique : Vernes avait des talents littéraires distingués. A l'âge de vingt-deux ans, il parcourait déjà l'Europe, et, de même que Moultou, il était admis auprès des hommes les plus marquants de l'époque; les encyclopédistes eux-mêmes ne se défendirent pas du charme de sa conversation, et lui surent bon gré de la douceur pleine de fermeté avec laquelle il savait prendre sa place sur le terrain difficile de la lutte entamée autour des convictions chrétiennes. Il fallait que Voltaire lui-même tînt bien à l'estime de Vernes pour que, ce ministre n'étant encore âgé que de vingt-six ans, le vieux philosophe crût devoir se disculper à ses yeux, avec une grande énergie, de toute participation aux deux productions de *Candide* et de *Jeanne d'Arc*.

Nous devons dire, du reste, que Vernes avait mieux compris que la plupart de ses collègues l'esprit du temps, et la nécessité de ne pas mettre la défense dans des conditions trop défavorables vis-à-vis de l'attaque. Désirant par-dessus tout conserver dans Genève les grands principes chrétiens et la morale évangélique, il n'attachait pas beaucoup d'importance à des pratiques usées, et qui tenaient plus du domaine des formes extérieures que de celui des convictions internes. Les choses nouvelles ne lui paraissaient pas mauvaises par ce seul fait qu'elles ne portaient point le caractère d'une antiquité qui rend fort respectables certaines institutions, mais dont le culte ne doit pas être poussé jusqu'à exclure des modifications conseillées par l'expérience et imposées par la marche des temps. Il trouvait les lois somptuaires inexécutables avec le développement de la prospérité contemporaine. La prohibition absolue des fêtes et des spectacles, aisée dans les temps de guerres continuelles et au milieu des périls extérieurs de la République, lui paraissait exagérée, fâcheuse même en pleine paix, et il ne concevait pas quel mal pouvaient causer à l'Etat, ou même à la religion, la tragédie et la haute comédie.

Ces idées larges, tout en suscitant à Vernes de violents adversaires, lui avaient valu l'estime et la sympathie des hommes qui ne croyaient pas que le XVIIIᵉ siècle pût être contraint à endosser, bon gré mal gré, l'habit du XVIᵉ. L'espèce de popularité dont il jouissait rendit sa position, comme défenseur du christianisme, plus favorable que celle de beaucoup d'autres, et lui permit de défendre la divinité des Ecritures avec plus de succès peut-être que ses collègues.

Vernes se trouvait souvent à Ferney, et les commensaux de Voltaire observaient avec surprise qu'en présence du jeune ministre genevois, le maître du logis s'abstenait de ses plaisanteries habituelles sur la religion, et que, si la discussion venait à tourner sur ce sujet, elle affectait toujours une forme sérieuse à laquelle ils étaient peu habitués. Un jour, un nouveau venu dînait à Ferney ; l'entretien se portant sur des brochures récentes dirigées contre les incrédules par des écrivains hollandais : « Je voudrais bien, s'écria- « t-il, être chargé de travailler *ces chrétiens d'Amster-* « *dam !* Quel silence accueillerait mes objections ! Elles

« sont si fortes, que je défierais bien le théologien le
« plus consommé d'y pouvoir répondre un seul mot !
« — Monsieur, lui répondit M. Vernes en souriant, je
« ne suis pas théologien consommé, mais avec la per-
« mission de M. de Voltaire, je me chargerais volon-
« tiers de répondre séance tenante à toutes vos asser-
« tions. » Un murmure de satisfaction prouva que les
convives ne seraient pas fâchés d'assister à ce tournoi,
et le docteur étranger commença par une proposition
qui se trouve au moins trente fois répétée dans les brochures de Voltaire : « N'est-ce pas, Monsieur, une
« chose absurde que Jésus ait maudit un figuier parce
« qu'il ne portait pas des fruits dans la saison où il n'y
« a pas de figues ? — Rétablissons le texte, répliqua
« Vernes; l'Evangéliste dit : Il n'y trouva que des feuil-
« les, et ce n'était pas la saison des figues. Or, la *saison*
« des figues, des blés, des raisins ne signifiait pas le
« temps où ces fruits mûrissent, mais bien le moment
« où l'on fait la récolte ; le sens des paroles citées est
« donc celui-ci : le figuer devait porter des fruits, puis-
« que la saison où on les cueille n'était pas encore ve-
« nue. L'acte de Jésus devient dès lors une parabole en
« action très-facile à comprendre. — Ah ! fort bien...
« passons à l'Ancien Testament. J'ai lu au chapitre XX
« des Chroniques que David, ayant battu les Ammo-
« nites, fit scier en deux tous les habitants des villes
« dont il s'empara... L'esprit de Dieu put-il approuver
« une pareille cruauté ? — La Bible, Monsieur, n'est
« pas responsable des fautes de ses traducteurs ; le vé-
« ritable sens de ce passage est que David employa ses
« prisonniers à fabriquer des scies, etc., ce qui n'est
« pas tout à fait la même chose. — En ce cas, pourriez-

« vous me dire si le traducteur est aussi pour quelque
« chose dans la sanction donnée au vol, par le fait que
« Jéhovah ordonna aux Hébreux d'emporter les vases
« d'or et d'argent des Egyptiens? — Ce procédé me
« paraît tenir de l'échange ou de la compensation beau-
« coup plus que du vol ; d'autant plus que les payements
« ne se faisaient guère autrement à cette époque. Les
« Israélites étaient forcés par la précipitation de leur
« départ de laisser aux Egyptiens un matériel immense
« et des troupeaux considérables dans le pays de Gos-
« cen : les vases d'or emportés par eux n'étaient qu'une
« indemnité. — C'est possible ; mais je désirerais en-
« core être éclairé sur le massacre des enfants de Beth-
« léem. Des milliers d'enfants égorgés de sang-froid !!...
« une aussi horrible action devrait être inscrite dans les
« annales du temps ; cependant ni Josèphe, ni les écri-
« vains romains n'en disent mot. N'est-ce pas bien sin-
« gulier?... — Puisque vous avez lu la Bible, vous
« savez sans doute, Monsieur, que Bethléem est appe-
« lée une des petites ville de Juda : c'était une bour-
« gade de mille à douze cents âmes ; sur une population
« semblable, il existe à peine à la fois une trentaine
« d'enfants au-dessous de deux ans : le massacre ne
« dépassa pas ce nombre, et ce fait peut bien rester
« inaperçu dans un règne aussi cruel que celui d'Hé-
« rode. Du reste, Monsieur, il se passe de nos jours
« des choses qui expliquent entièrement le silence des
« auteurs romains sur plusieurs faits de l'histoire évan-
« gélique. Pendant que, dans cette heureuse province,
« nous sommes en paix, à 80 lieues de nous, au fond
« des Cévennes, de par l'ordre du roi, on persécute
« les protestants qui se rassemblent dans les déserts

« de leurs montagnes pour y prier selon leur foi, on
« égorge des enfants, on fait subir aux femmes les der-
« niers outrages, on pend les ministres. Nous avons
« bien d'autres moyens de publicité que les Romains,
« nous lisons les gazettes, et cependant la génération
« présente et la postérité ignoreront toujours la plus
« grande partie de ces horreurs commises dans un
« temps qui s'appelle le siècle de la civilisation, du goût
« et des lumières..... » Le docteur, un peu abasourdi,
ne fit pas d'autre question, et Voltaire détourna l'entretien. Toutefois, les réponses de Vernes lui avaient
causé une certaine irritation, car à quelques jours de là,
se trouvant à dîner dans une maison genevoise, lorsqu'il
entra dans la salle à manger : « Eh ! que de plats ! que
« de plats ! s'écria-t-il ; mais il en manque pourtant
« un..... — Et lequel?.... — C'est le *plat Vernes.* »

Ce ne fut pas cette plaisanterie, ni d'autres du même
aloi qui refroidirent la liaison de Vernes et de Voltaire ;
mais le poëte s'éloigna du ministre lorsque celui-ci publia sa *Confidence philosophique* (1770). Vernes, s'aper-
cevant que la forme sérieuse des brochures par lesquelles les Genevois répondaient à celles de Voltaire,
nuisait à leur succès auprès de lecteurs fascinés par le
brillant de l'esprit et la finesse des railleries du philosophe de Ferney, voulut retourner contre lui ses propres armes, en mettant en scène des philosophes maté-
rialistes appliquant leur morale à la vie pratique et se
faisant confidence des résultats de cette expérience.
Dans ce roman se trouvent reproduites toutes les objections élevées contre l'existence de la Divinité et contre
la réalité des faits évangéliques, avec des réponses brèves, claires et énergiques; l'auteur, pour amener même

14.

les incrédules à les lire, ne les offre jamais directement, mais il les enchâsse avec adresse dans un récit animé, de telle sorte que le lecteur, entraîné par l'intérêt de l'action, soit forcé à venir de lui-même se placer sous les traits de lumière qui en jaillissent. M. Vernes y flagelle les travers et les ridicules de ses adversaires, tout en montrant la faiblesse de leur logique, en dirigeant contre eux cette arme puissante de l'ironie dont ils avaient si bien les premiers usé et abusé. Du reste, cet ouvrage, dont nous souhaitons vivement la réimpression, attaque sans distinction tous les ennemis du christianisme : la superstition qui ajoute y est aussi maltraitée que l'incrédulité qui retranche.

Un éclatant succès suivit la publication de la *Confidence philosophique* : elle eut dès l'abord cinq éditions françaises, trois allemandes, deux anglaises et une hollandaise. Les chefs du journalisme en France manifestèrent hautement leur approbation ; nous citerons entre autres une lettre de Linguet, datée du 25 juillet 1772 : « J'ai reçu, Monsieur, avec le plus grand plaisir la « *Confidence philosophique*. L'idée de mettre en action « la morale des incrédules est en effet très-heureuse ; « elle est exécutée comme elle devait l'être, sans sar- « casme, sans malignité, mais avec la décence, la force « et l'adresse qui pouvaient rendre ce roman aussi « agréable qu'utile. La dixième lettre est de la meilleure « plaisanterie : c'est dans ce genre-là ce que j'ai vu « de mieux depuis les *Provinciales*. Je me rappelle que « vous m'avez dit que cet ouvrage avait trouvé de la « difficulté à s'introduire dans Paris et que vous en « étiez surpris, attendu que les circonstances vous pa- « raissaient peu favorables aux incrédules. Mais ne

« serait-ce pas votre neuvième lettre qui en serait
« cause ? Nos prêtres ne seraient-ils pas choqués de a
« proposition que vous faites d'écarter le *billon* théolo-
« gique pour ne conserver que l'*or* de l'Evangile? Cette
« opération-là ferait évanouir toute leur opulence, et
« ils y tiennent au moins autant qu'à leur religion.
« L'Evangile purifié, comme vous dites, ne donne ni
« croix pectorales, ni abbayes, ni commanderies, ni
« chapeaux de pourpre, et nous trouvons tout cela fort
« bon. Aussi nos prêtres s'accommoderaient peut-être
« encore plus des philosophes qui se contentent de
« rire du culte que de vous qui, en bon protestant,
« proposez tout d'un coup une réforme. Dans notre
« état de choses, des gens qui se moquent de l'Evan-
« gile ne sont dangereux que pour les mœurs et ne le
« sont guère pour les dignités ecclésiastiques. Préten-
« dre que le christianisme est absurde, ce n'est pas
« prouver la nécessité de renverser notre clergé. Mais
« vous qui rendez ce christianisme raisonnable, vous
« qui en simplifiez la pratique et la règle, vous portez
« les plus grands coups aux loups déguisés en pasteurs
« qui le prêchent pour leurs intérêts. — Au reste, Mon--
« sieur, vous devez vous consoler de ces traverses :
« votre ouvrage vous conciliera dans tous les temps
« l'estime des âmes honnêtes, et c'est le payement le
« plus satisfaisant pour un écrivain qui en est digne. »
Le brillant succès littéraire qui accueillit la *Confidence philosophique* éloigna pour longtemps Vernes de
Voltaire : « Il se forme, dit à ce sujet la correspondance
« de M. Mouchon, il se forme contre M. Vernes une
« ligue de la part de Messieurs les Genevois qui fré-
« quentent le château de Ferney ; ils se vantent d'a-

« voir engagé l'ermite de Ferney à une lutte qui ne peut
« manquer d'être curieuse entre deux champions dont
« l'un prime en tout lieu par son esprit, mais dont l'au-
« tre ne manque ni de fermeté, ni de mordant, ni de
« science. On a demandé à M. Vernes comment il se
« conduirait lorsque Voltaire lui déclarerait la guerre.
« Il a répondu : « Tant qu'il ne m'opposera que des
« bavardages, des brocards et des plaisanteries sur mon
« ouvrage, je le laisserai se soulager ; mais s'il attaque
« sérieusement mes principes et qu'il mette en doute
« ma sincérité, je lui ferai voir que, si je n'ai pas un
« grand génie comme lui, du moins je sais me défendre,
« et je lui tomberai sur le corps de la belle manière. »
Une circonstance imprévue empêcha cette polémique :
M. Vernes fut brisé dans ses plus chères affections de
famille, et Voltaire, respectant le malheur d'un ancien
ami, ne songea plus à déchirer ses ouvrages.

Un fait particulier qui se passa à cette époque fut
peut-être plus sensible encore à Voltaire que le succès
de la *Confidence*. Un vieux magistrat genevois, com-
mensal assidu de Ferney, avait plusieurs fois été témoin
des franches et solides réponses faites par Vernes à
Voltaire. Bien que fervent admirateur de ce dernier, il
n'avait pu échapper à l'impression produite sur lui par
la présence d'esprit et le courage chrétien de Vernes.
Un jour, se sentant malade, il fit appeler ce ministre,
et, après de longues et amicales conférences, Vernes
eut le bonheur de voir le vieillard revenir à la foi de ses
jeunes années, et se préparer, par une repentance sérieuse et pratique, à la mort qui l'enleva en 1778. Il ne
laissait que des parents fort éloignés : à l'ouverture de
son testament on trouva qu'il avait institué M. Jacob

Vernes comme son législataire universel. M. Vernes
réunit immédiatement la famille du défunt et lui déclara
qu'il refusait d'accepter le legs, mais qu'il désirait qu'on
lui permît seulement de conserver une pièce d'argen-
terie en souvenir de son ami. — Ce vieillard était du
même âge que Voltaire, et sa mort l'impressionna plus
vivement qu'il ne voulut l'avouer ; ce fut sous l'influence
de cet événement qu'il écrivit sa déclaration : « Je meurs
« tranquille, croyant en Dieu, aimant mes amis, ne
« haïssant pas mes ennemis et détestant le fana-
« tisme. »

Ce fut donc en 1778 que Voltaire quitta sa retraite de
Ferney pour se replonger dans le mouvement de la capitale ; en réalité il y allait mourir. Il semble donc qu'ici
se termine logiquement notre œuvre, puisque, dans la
vaste carrière du philosophe, nous n'avons voulu que
détacher un tableau dont le peu d'étendue n'excédât pas
les dimensions du cadre restreint qu'indique le titre de
cet ouvrage. Néanmoins, à un double point de vue, nous
ne pouvons nous dispenser d'y joindre encore, à traits
rapides, une esquisse de la mort de Voltaire, tracée d'a-
près des documents genevois. En effet, cette mort touche chronologiquement de si près aux derniers faits que
nous avons eu à examiner, qu'il serait difficile de n'en pas
dire ici deux mots ; et du reste, nous ne sortirons pas en
cela de notre sujet, puisque nous nous bornerons à citer
les documents *genevois* relatifs aux derniers moments de
l'existence de Voltaire. Ces documents peuvent jeter
quelque jour sur cette question encore très-controver-
sée : mourut-il comme un philosophe paisible, comme
un sage sublime, ainsi que l'affirment Condorcet et son
secrétaire ? ou bien fut-il tourmenté par les remords,

torturé par les plus horribles visions, selon la version adoptée par les écrivains ultramontains?

M. Beauchâteau, parent de Jean-Jacque Rousseau, écrivant à M. Mouchon (Paris, mai 1778), lui disait : « A « 84 ans faire des tragédies, courir 120 lieues de poste; « le lendemain de son arrivée, ouvrir sa maison, rece- « voir un monde de visitants, faire lui-même diverses « visites, lire son *Irène* à des gens de goût, et sur leurs « observations, changer totalement un acte et faire « beaucoup de corrections aux deux autres, écrire pen- « dant ce temps-là une foule de lettres en prose et en « vers, tout cela, ce me semble, n'est pas mal singulier; « aussi court-il le risque de payer cher le tout. A la suite « de toutes ces choses, qui accableraient un jeune « homme dans sa vigueur, Voltaire a fait une répétition « de sa pièce chez lui, et, les acteurs saisissant en gé- « néral de travers l'esprit de leurs rôles, il s'est donné « autour d'eux une peine incroyable et s'est extraordi- « nairement échauffé. — Se sentant mal et crachant du « sang, il a demandé M. Tronchin et un prêtre; voyant « ce dernier, il a dit au docteur : « Faites-moi le plaisir « d'avertir cet homme qu'il est indispensable que je « parle peu. » M. Tronchin espère le tirer d'affaire, « mais c'est douteux... »

Voici maintenant ce que mandait Tronchin lui-même à son frère (Manuscrits de M. le colonel Tronchin) : « Voltaire est très-malade. S'il meurt gaiement, comme « il l'a promis, j'en serai bien trompé; il ne se gênera « pas pour ses intimes, il se laissera aller à son humeur, « à sa poltronnerie, à la peur qu'il aura de quitter le « certain pour l'incertain. Le ciel de la vie à venir n'est « pas aussi clair que celui des îles d'Hyères ou de Mon-

« tauban pour un octogénaire né poltron et tant soit
« peu brouillé avec l'existence éternelle. Je le crois
« fort affligé de sa fin prochaine ; je parie qu'il n'en
« plaisante point. La fin sera pour Voltaire un *fichu mo-*
« *ment ;* s'il conserve sa tête jusqu'au bout, ce sera un
« plat mourant... »

D'Alembert subit la même impression, et sachant que
Tronchin vient de dire à Voltaire la vérité sur son dan-
ger, il lui écrit : « Mon cher et illustre confrère, vous
« avez fait ce que la prudence et l'humanité exigent ;
« maintenant tranquillisez-le, si possible, sur sa posi-
« tion : je passai hier quelque temps avec lui ; il me
« parut fort effrayé non-seulement de son état, mais des
« *suites désagréables* pour lui qu'il pourrait entraî-
« ner (1). »

Enfin, peu de jours après la mort de Voltaire, voici
ce que Tronchin écrit à Charles Bonnet (manuscrits de
la Bibl. publ. de Genève) : « Si mes principes avaient
« besoin que j'en resserrasse le nœud, l'homme que j'ai
« vu dépérir, agoniser et mourir sous mes yeux, en au-
« rait fait un nœud gordien ; et en comparant la mort
« de l'homme de bien, qui n'est que *le soir d'un beau*
« *jour*, à celle de Voltaire, j'ai vu bien sensiblement la
« différence qu'il y a entre un beau jour et une tempête.
« Ces derniers temps, exaspéré par des contrariétés lit-
« téraires, il a pris tant de drogues et fait tant de folies
« qu'il s'est jeté dans l'état de désespoir et de démence
« le plus affreux. Je ne me le rappelle pas sans horreur.
« Dès qu'il vit que tout ce qu'il avait tenté pour aug-

(1) L'original de cette lettre est dans les manuscrits de M. le colonel Tronchin, à Genève.

« menter ses forces avait produit un effet contraire, la
« mort fut toujours devant ses yeux ; dès ce moment la
« rage s'est emparée de son âme. Rappelez-vous les fu-
« reurs d'Oreste ; ainsi est mort Voltaire : *furiis agita-*
« *tus obiit.* »

Il nous reste, pour compléter cette conclusion, à dire
quelques mots de Genève après la mort de Voltaire. Son
existence morale en devint aussitôt beaucoup plus calme,
et son Eglise, en particulier, eut des jours plus tranquilles. Les écrits impies ne se multipliant plus avec la
même abondance, les pasteurs purent s'attacher à neu-
traliser les fâcheuses influences des luttes récentes, et
à détruire les germes d'incrédulité et d'immoralité jetés
par le philosophe de Ferney, sans avoir en même temps
la continuelle inquiétude de surveiller des ouvrages
nouveaux et de repousser des attaques sans cesse renou-
velées. Pour donner une idée approximative de l'état
religieux dans lequel se trouva notre ville durant les
vingt dernières années de ce siècle, dont Voltaire avait
accaparé le centre et le cœur, nous citerons seulement
encore quelques lignes d'un rapport du Consistoire. On
sait que ce corps n'a jamais cherché, dans ses comptes
rendus, à déguiser la vérité : « Si nous avons, dit-il,
« la douleur de voir des gens en grand nombre subir
« l'influence de la fausse philosophie et vivre sans Dieu
« et sans espérance en ce monde, nous bénissons Dieu
« de compter, dans tous les rangs de la société, des mai-
« sons où la piété est héréditaire et où l'instruction do-
« mestique répond à l'instruction publique. Dans ces
« demeures l'union règne, chacun se sent dans l'ordre
« chacun emploie utilement sa journée. On la com-
« mence en priant Dieu. Le jour du dimanche en par-

« tie en actes de dévotion et de charité, en partie en
« délassements honnêtes. Nous sommes heureux de ren-
« contrer souvent, dans ce jour du Seigneur, la jeune
« mère de famille, accompagnée d'un enfant, qui porte
« le secours et la joie dans une pauvre demeure, et
« fait aimer à son fils et à sa fille les premiers devoirs
« du chrétien. Le lendemain on se remet gaiement au
« travail, et l'on est plus content dans la médiocrité que
« d'autres ne le sont dans l'abondance. L'aliment spi-
« rituel qu'on prend chaque jour entretient la santé des
« âmes chrétiennes. Survient-il quelque revers, quel-
« que maladie, on s'entr'aide, on se console, on se for-
« tifie mutuellement, on prie Dieu. Les paroles du mou-
« rant restent gravées dans le souvenir de ceux qui l'en-
« tourent ; on pleure un tel homme, on le suit dans la
« demeure céleste où la foi, manifestée par ses œuvres,
« lui assure la bonne place... »

La richesse, la renommée, l'esprit et le génie, sont
de grands moyens pour diriger le monde, et, ce qui
n'est pas à l'honneur de notre pauvre humanité, jamais
leur action n'est plus puissante que lorsqu'ils prennent
comme point d'appui quelqu'une des mauvaises passions
dont fourmille cette terre. Mais si l'expérience nous ré-
vèle ce triste fait, elle nous donne aussi la preuve con-
solante qu'il est un autre pouvoir, plus lent peut-être
dans son action et plus difficile à mettre en œuvre, mais,
en revanche, plus fécond encore en effets durables. C'est
la foi ferme et patiente des hommes résolus à faire pré-
valoir, avec l'aide de la protection divine, les principes
éternellement vrais de la justice, de la sagesse et de la
moralité.

TABLE DES MATIÈRES

————